和孩子们
一起做哲学

颜志豪 / 著

Copyright © 2025 by SDX Joint Publishing Company.
All Rights Reserved.

本作品版权由生活·读书·新知三联书店所有。
未经许可，不得翻印。

图书在版编目（CIP）数据

和孩子们一起做哲学 / 颜志豪著. -- 北京：生活·
读书·新知三联书店，2025. 1. -- ISBN 978-7-108
-07896-4

Ⅰ. B-49

中国国家版本馆 CIP 数据核字第 2024L33B60 号

责任编辑　黄新萍
装帧设计　刘　洋
责任校对　张　睿
责任印制　卢　岳
出版发行　生活·讀書·新知 三联书店
　　　　　（北京市东城区美术馆东街 22 号 100010）
网　　址　www.sdxjpc.com
经　　销　新华书店
制　　作　北京金舵手世纪图文设计有限公司
印　　刷　河北品睿印刷有限公司
版　　次　2025 年 1 月北京第 1 版
　　　　　2025 年 1 月北京第 1 次印刷
开　　本　880 毫米 × 1230 毫米　1/32　印张 8.5
字　　数　125 千字
印　　数　0,001－5,000 册
定　　价　49.00 元

（印装查询：01064002715；邮购查询：01084010542）

作者在课堂上 图片 © 上海平和双语学校

"在哲学课堂中,教师不再是教学中心,而是思辨共同体的组织者、观察者与记录者。"

课堂上,讨论"狼应该吃猪吗?"
对待动物如何能够成为一个道德问题?

图片 ⓒ 上海平和双语学校

户外的哲学课　　　　　　　　　　　　　图片来源：一寸教育

献给
彭晓芸、彭敦悦、颜应时

目录

推荐序　最好的启蒙是哲学启蒙，
　　　　最迷人的快乐是孩子的快乐　苏德超----001

导　语----009

神话故事里的哲学----025

1.1 创世：盘古为何要开天地？----026

1.2 人的定义：索拉丝的难题----035

1.3 人的本质：看手掌纹，能预知命运吗？----044

1.4 爱与喜欢：女巫故事引发的难题----053

1.5 节日：圣诞老人存在吗？----062

1.6 虔诚与信仰：人为什么要拜神？----072

1.7 鬼神的证明：鬼存不存在？----080

日常生活里的哲学----089

2.1 虚实：甜甜圈的洞存在吗？----090

2.2 善恶：人性本善还是人性本恶？----099

2.3 真假：善意的谎言与伤人的真话，你选择哪一种？----109

2.4 好坏：存在绝对的标准吗？假如你是天堂的门卫………118

2.5 正义：隔壁咖啡馆里的全球正义----129

2.6 勇敢：胆子大就是勇敢吗？----139

2.7 友谊：人和动物能够做朋友吗？----146

2.8 美丑：你能画出世界上最丑的画吗？----156

2.9 性别：对男生心狠手辣，对女生心慈手软，谁被歧视了？----167

2.10 公私：偷与拿的边界----176

元宇宙时代的未来哲学----183

3.1 人格同一：去火星旅游的张三是幸存者吗？----184

3.2 基因技术：你愿意自己的孩子是基因超人吗？----194

3.3 脑机接口：更"善良"的人，更好的世界----203

3.4 人生幸福：
假如存在可以给你永久幸福体验的虚拟机，你愿意进入吗？----213

3.5 素食主义：你的宠物猪想被你吃掉----222

3.6 机器意识：假如机器人有情感与意识………231

3.7 火星公正：无知之幕下的分配----239

3.8 未来学校：人还要上学吗？----247

附录：给儿童哲学教育者的建议----257

参考资料----261

推荐序
最好的启蒙是哲学启蒙,最迷人的快乐是孩子的快乐

苏德超(武汉大学哲学学院教授,澳门科技大学特聘教授)

我跟志豪在视频会议上见过一面,被他关于儿童哲学的发言吸引住了,主动加了他的微信。现在又提前阅读了他写的这本书。这本书是他多年儿童哲学教学实践的经验总结。

志豪是一个用心而温暖的人。这一点大家不难从他的书里体会到。从中山大学拿到哲学博士学位后,志豪一心从事儿童哲学课程的开发和教学。他所从事的儿童哲学,并不是成人哲学的儿童版本,而是哲学在儿童时期的发生,是儿童的生命和成长的体验。这是更加本源的哲学。在这个意义上,志豪的儿童哲学教学,不是在对孩子们进行哲学培优,而是在陪着孩子们一起成长。

从起源上看，哲学是一切理论科学的总和，因此用哲学去陪着孩子们成长，就是要持续呵护孩子们对这个世界的好奇，帮助他们养成正确的思维习惯，鼓励他们去追问认知的前提、生活的逻辑和生命的边界。

志豪非常耐心地将他陪着孩子成长的哲学分成三类：神话故事里的哲学、日常生活里的哲学和元宇宙时代的未来哲学。这里面既有世界来源的问题，也有人的定义的问题，还有爱与喜欢的问题。什么是虚实？什么是善恶？什么是好坏？什么是勇敢与友谊？什么是美丑？什么是性别？什么是幸福？什么才是我们以及我们的孩子渴望的教育？……这些话题是纯而又纯的哲学问题。然而，通过故事、对话和讲解，志豪把这些话题处理得相当好，作为一个哲学专业的教师，我看不到任何简陋和简单的地方，反倒认为他具有一种神奇的能力，能够把非常深奥的东西，讲得深入浅出。这是志豪极具个人魅力的地方，也是一切好教师的必备素质。

哲学的两种含义

哲学到底是什么？它又有什么用？在我看来，至少存有两种哲学：一种是今天哲学学者所从事的工作，一种是本来意义上的哲学。必须承认，哲学学者们所从事具体工作的相当大一部分，对绝大多数人是没有用的。它只是一项专业技能，这项专业技能涉及概念澄清、文本考证和对某个理论细节的技术论证。普通人就算不知道这些，对生活也没有影响。我敢打赌，90%以上的普通人就是在这种状态下生活的。他们干吗要关心这些奇怪又困难的研究呢?

还有第二种哲学,本来意义上的哲学。这种哲学叫"爱智慧",跟科学同源。热爱智慧,就是要去追求智慧。对智慧的追求并不意味着真有智慧,而体现为一个具体的过程。按照通行的说法,西方哲学开始于米利都学派的泰勒斯。他说"万物的本源是水"。论述这个命题的时候,他渐渐远离神话和巫术的思考方式。泰勒斯想为整个世界和他所观察到的现象提供一个解释,而他同时还希望这些解释具有公共性,也就是说,他希望他的解释被其他人接受。为了让其他人接受,他把他的立场建立在观察和理性推论的基础之上。

泰勒斯的这些特征,既是哲学的特征,也是科学的特征。看各门科学史,尤其是理论科学的科学史,比如数学、物理学,最早的那些科学家大多数也是哲学家。科学史会介绍他们,哲学史也会介绍他们。亚里士多德说,哲学起源于惊异和闲暇。惊异就是感到吃惊,看到了不同。而有了闲暇,就有时间琢磨这些不同是怎么形成的。于是在好奇心和理性精神的驱使下,哲学和科学不断地得到发展,人类文明因此加速。

最好的启蒙是哲学的启蒙

甜甜圈有洞吗?如果有,我们怎么吃不到它的洞呢?如果没有,它为什么叫甜甜圈而不叫甜甜饼?家里爬进来一只蜘蛛,我怕,奶奶不怕,她把蜘蛛用纸包着送到了院子里。奶奶比我更勇敢吗？可是，她本来就不怕呀！如果宠物猪真诚地希望我吃掉它，我该怎么办？上体育课，女生只用跑两圈，男生要跑四圈，体育老师在歧视谁吗？……

这些有趣的问题是志豪课上跟孩子们讨论过的问题。据我所知，孩子们非常喜欢这位绰号"大黑"的老师。他具有所有受欢迎教师的核心素质：真诚、直接、循循善诱，把教学建立在广泛的阅读和艰深的思考之上，却又不露痕迹。

孩子们是一粒粒种子，具有多种可能性。如果过早让他们分化，提前进入某个具体学科，虽然能够在一定的范围内抢跑，却无助于他们的全面发展和身心健康。在这个时候，要是我们以哲学的本来精神，保持孩子们对整个世界的好奇，鼓励他们用理性的精神去满足这些好奇，训练他们把自己的观点讲清楚，为自己的观点提供支持，用自己的观点去说服别人，并从这些活动中得到快乐，无疑，这将为他们后续的专业学习和人生发展提供良好的氛围。

在这个意义上，最好的启蒙是哲学的启蒙。当然，这里所说的"哲学"，是本来意义上的哲学，而不是今天大学哲学专业的学者们所从事的那种技术化的工作。现在哲学专业已经高度分化，哲学学者相互看不懂对方的论文，是司空见惯的现象。但回到哲学的最初，回到本来意义上的哲学，哲学乃是对这个世界感到惊讶，要解释不同，并从认知活动中体验到快乐。

这多少有点类似于顶尖大学的博雅教育。的确，极少数孩子很早就知道自己未来要从事什么，自己的天分是什么，大多数孩子在中小学期间并不太清楚自己的天赋和未来的方向，他们需要在大学里，尤其是大学低年级进行博雅式的学习，广泛涉猎各个学科的最基础知识，掌握其中的最根本原则，在教师和同学的激发下，找到未来人生的目标。儿童更是这样。比具体知识更重要的，是人类探寻这些具体知识背后的原则和精神动力。这些原则和精神动力，在哲学中得到了相当好的阐述。而哲学家们所讨论的那些问题，特别是古代哲学家们所思考过的那些问题，恰恰也是儿童们会关心的问题。

孩子是天生的哲学家

正如本书的作者颜志豪所说，人类文明的发展和儿童心智的发展有着奇妙的一致性。

我在一个偏远的小山村长大。村里老人的去世，连同每年庄稼的收割，让我感觉到了死亡的可怕。我开始思考：人为什么会死？如果人会死的话，我们活着做的事情有什么意义？有没有可能生命之外还有另外一种生命？乡亲们之间有时候也会吵架，甚至打架，人与人的相互伤害自然也会让我害怕，于是我又禁不住想：人跟人之间的不和是必然的吗？村干部们或者乡干部们出来分出是非曲直的时候，他们是靠什么分辨的呢？事情真的有是非曲直吗？如果有，为什么成年人并不是都知道？……诸如此类的问题很多，长期困扰我。

我做了哲学老师之后，有更多的机会跟孩子和家长交流。我发现，很多孩子都有过类似的困惑。孩子是最好的哲学学生，实际上，每个孩子都是天生的哲学家。他们喜欢打破砂锅问到底，不按套路出牌，为了满足认知上的好奇，也不怕别人尴尬。很少有家长没有被自己孩子的问题难住的。我跟一些科学家也交流过，他们同样认为，最难回答的问题往往是孩子的问题或孩子式的问题，看起来有点傻里傻气，非常难以回答。当然，要忽悠孩子非常容易，可是如果我们保持着理智的严肃性，就会非常困难。有一位科学家告诉我，一个孩子问他，时间到底是什么。他回答说，时间就是钟表告诉给你的。孩子追问，钟表为什么可以告诉我们时间是什么？是谁告诉钟表时间的呢？你告诉给我，是因为我可以听得到，那告诉给钟表时间，钟表又没有耳朵，它们怎么知道？谁第一个知道时间的？他怎么知道的？我也碰到过类似的问题。有个孩子问我，他跟我有什么不同。我说他是小孩，我是成年人。他接着问，假如我也是小孩，他跟我有什么不同。我说，你是一个小孩，我是另外一个小孩。他接着问，这个小孩和另外一个小孩，为什么是不同的小孩。这个时候我才意识到，他想要的答案，不是一个简单的答案。

孩子喜欢这么问，大抵是他们不用为生计发愁，也不知道为生计发愁，只要享受理智好奇带来的快乐就够了，不用计算为了得到一个答案所需要付出的成本。这颇有些前苏格拉底哲学家的意味。孩子们的很多问题，问到最后都变成了一个哲学问题。哲学问题最难回答，因为它们往往涉及一件事情的底层原则。这些底层原则，不是我们认识到的，而是我们预设的，如果我们不设定这些原则，我们就什么也认识不到。比如，今天的我跟昨天的我，为什么是同一个我？这是一个关于人格统一性的话题，但能够这么问，至少要预设有一个"我"，万一连"我"也没有，这样的问题就问不出来了。可是为什么非得有一个"我"？经过近代的休谟，或者单单是佛教的教诲，就会让我们质疑这一点。这些问题回答起来相当困难，但又特别吸引人。毕竟看这些文字的是"我"，购买这本书的是"我"，想这些问题的还是"我"。如果没有"我"，又怎么解释上面这些行为呢？

童年是一种精神气质，那里有最为迷人的快乐

成年人很难长时间葆有儿童的这种纯粹性。成年人意识到，人的一生是有限的，认知资源是宝贵的，必须把认知资源用到更加紧迫的、更容易出成绩的方面，而不是看起来短期之内难以取得进展的方向上。成年人总是愿意给自己树立一个目标，然后就被这个目标所约束。但儿童不一样，跟成年人比起来，他们有更多的遐想，因此有更多的自由。他们也有目标，但目标对他们没有那么重要，他们更愿意任意选定一个目标，然后体验追求目标的快乐过程。

儿童的思考就是这样一个免于功利考量的自由过程。从成年人的角度看，儿童的思考几乎注定不会有什么结果，就算有一些中间结果，他们的答案也是幼稚可笑的。但就是在对这些结果的追寻中，儿童渐渐习得了正确的提问方式和思考方式。而且，就算结果令人沮丧，他们也很快忘记这一点，转而去思考下一个问题。他们活在看似无穷的可能性里，他们好像有永远用不完的精力。正因为这样，我们才说"金色的童年"。

童年的经历总是能够打动我们，总是让我们心生神往。在

那个时候，我们能够支配的财富很少，我们说的话也往往不管用，甚至买一个冰淇淋也必须征求大人的同意。成年之后的我们，能够支配的财富和运用财富的权力要大得多，但我们不再像童年那样快乐。其中的原因有很多，主要原因则是，我们不再像童年那样思考得纯粹，活得纯粹。从这个意义上看，童年更像是一种状态，一种精神气质，一种对待生命的态度。维也纳学派的创始人石里克曾说："天才总是充满着孩子般的品质。所有真正的伟大，都充满了深深的天真。天才的创造力就是孩子的玩耍，他在世上的快乐就是孩子在迷人事物中找到的愉悦。"这是最为迷人的快乐。

哲学从来不板着面孔，它构成了我们生活的基础，它就是我们的生活。这本书的读者要么是儿童，要么曾经是儿童。无论如何，愿我们永远葆有儿童的自由探索精神，愿我们永远像儿童一样，忘掉失败，从不服输，对未来充满信心。跟着志豪的书一起思考哲学问题，一起重温那些曾经在童年激动过我们的问题，一起陪着孩子成长——无论是身边的孩子还是每个人心底的孩子。

哲学一直在我们心里，童年一直在我们梦中。

2024.6.21

导　语

"我为什么是我？"

11月的第三个周四，是世界哲学日。2021年11月18日，我在哲学教室里给孩子们录制哲学日的视频，面对镜头，一位四年级的女学生说："我为什么是我？"

这个问题同样困扰过读小学时的我。最终，这个朦胧的困惑驱动着我，考入了中山大学哲学系，并接受了七年的专业训练。2016年6月，我博士毕业，离开康乐园，结束了我颇有点漫长的求学历程。

我应该过一种什么样的人生？这，被称为"苏格拉底之问"。几乎每个哲学人都会遭遇这个问题。进入学术体系，完成博士论文，是我尝试做出的部分解答，而走出校园，则是在行动中践行对苏格拉底之问的解答。我的志业是什么，成为我毕业期间持续思考的问题。机缘巧合，从我太太——当时的同门师妹彭晓芸处得知了广州南奥实验学校,当时,这所学校所发生的事情深深吸引了我。

在她的引荐下,我进入了这所学校实习。随后我决定留下来,成为一名老师。在这所具有实验精神的学校里,我得以给中小学生开设哲学课程,面对的是跟从前的我一样充满哲学困惑的孩子。从一个校园到另一个校园,从学生到老师,在这里,我开启了儿童哲学的教育实验。2018年2月,因孩子异地求学,我们举家迁往上海。进行了两年的儿童哲学项目原以为会被迫中断,却很幸运地在上海平和双语学校得以延续。截至今日,我的儿童哲学教育实验刚好满六年时间。从个人角度而言,这是一个长期的教育研究项目;从创新教育的国际背景看,这只是儿童哲学在中国的一次本土化实践。

什么是儿童哲学?

很多刚开始接触儿童哲学的人都有这样的误会:儿童哲学课,就是把哲学教授请进幼儿园及中小学讲讲哲学。我曾经也是这样想的,但我很快意识到了,哲学的讲授模式在中小学的适用性非常有限,而且年龄越小越不适用。从幼儿到小学阶段,国际上较为通用的课程模式是依托绘本材料,以培育探究团体的方式来做哲学。在这样的哲学课堂中,教师不再是教学中心,而是思辨共同体的组织者、观察者与记录者。

儿童哲学课程的开设,与哥伦比亚大学哲学教授马修·李普曼(Matthew Lipman)有直接的关系。在哥大教逻辑学时,李普曼对大学生的思维品质感到不满,他们思维僵化、逻辑混乱、好奇心缺失。

为了改变这一现状,他进入中小学探索儿童哲学的可能性:在思维仍未固化时,积极介入儿童的思维提升。

李普曼的目的是提升学生的思维能力,从而设计了儿童哲学课,从本质上讲,这其实是一门思维训练课。围绕着批判性思维的课堂训练,以探究共同体的方式推进讨论,也连带着训练了倾听、合作以及创造性思维能力。从这一点看,李普曼的哲学课并没有以儿童为中心,课程的需求也并非基于儿童的诉求,课程初衷就是为了改造儿童,赶着在孩子成年之前,把逻辑学的课补给孩子。因此,国内儿童哲学专家刘晓东教授才说,儿童哲学课的诞生便具有了"原罪"。因为,李普曼并没有从儿童视角出发来设计课程,而是从社会需要的角度来改造我们的儿童。翻开李普曼团队编写的教材,《教室里的哲学》《灵灵》等,你可以发现,教材虽然是给孩子用的,但语言与内容却是成年人的。教材里的对话,乏味无趣,很少有儿童视角。假如有人把李普曼团队编写的教材跟中考高考教辅书放在一起售卖,似乎也没什么违和感。

philosophy for children,直译过来就是面向儿童的哲学课,目的是儿童,载体是哲学。后来,大家把这个课名简化为P4C,4跟for同音,也意味着哲学课可以训练四种思维能力,它们分别是创造性思维、批判性思维、合作性思维以及关怀性思维。P4C,恰当的翻译应该是基于四种核心素养的哲学课。提升四种核心素养能力,坦白讲,并不是哲学才有资格做的事,数学、物理、历史等学科也可以做到。同样的，哲学学科也不是内在地训练人的四种能力。设想，一个擅长独自沉思、思考宇宙终极问题的人，在现实中不跟任何人讨论哲学问题也可以做哲学。换句话说，哲学与4C并不具有逻辑上的关联，两者放在一起具有一定的偶然性。因此，4C并不是哲学课的本质，既不是必要条件，也不是充分条件。它只是某种类型的哲学课的实施结果。

在我们的传统观念里，传道、授业、解惑乃教师的本职工作。以知识传授为主要目的的传统课堂，以教学为主的教学模式往往有它的适应性与优点。面对人数众多的班级，教师能在有限时间内向学生传递高密度大容量的学科知识。以教师的教为主，而学生的学则是教的结果。不过，现代的教育理念逐渐让人认识到，教育的目的不仅在于知识的传承，更重要的是能力的培养。课堂上单向度地接收信息与被动学习很难培养出能够适应未来社会生活的人才。2016年，中国教育部公布了《中国学生发展核心素养》[1]，将核心素养细化为18个基本要点，其中包括了批判性、创造力以及合作沟通等素养。2017年9月，国务院办公厅印发的《关于深化教育体制机制改革的意见》提到了"要注重培养支撑终身发展、适应时代要求的关键能力"。关键能力包含：信息能力、创造力、解决问题等能力。关键能力，其实也是核心素养。一个内涵，不同的表达。

从课程目标的发展迭代来看，课程的三维目标系统对双基目标更多的是继承与发展，而提出核心素养目标更多的是革新。

---

[1] 核心素养研究课题组（2016），《中国学生发展核心素养》。中国教育学刊（10），1—3。

它更侧重能力的培养，而淡化知识的学习。儿童哲学从一开始就不是讲授型课程，而是始终以学生的自主学习为中心，以同辈探究为路径的创新学科，它的内涵跟核心素养的培养具有内在的一致性。

看到儿童哲学这一优势，很多学校管理者寻思将之引进日常课堂。而他们眼里的儿童哲学，实质上等同于核心素养课。P4C也约等于4C，至于有没有哲学这一要素，便成了无关紧要的事情。因此，在尝试与推广儿童哲学时，在做教学教研实施的过程中，很容易达成的结果是：着眼于素养，而忽视儿童与哲学。

这是我之所以重提儿童哲学的初衷，它不仅仅是4C。只关注4C素养的课，在现实推进的过程中，往往成了讨论课。在这样一节讨论课上，学生推进议题，但更有可能缺失了哲学与儿童的双重视角。从逻辑上讲，4C可以不必是儿童的，哲学也未必是成年的。

作为哲学训练的"哲学"

儿童哲学里的"哲学"是什么意思呢？这里是指"哲学训练"的意思。法国的中学里有哲学必修课，课程的目标是"训练学生的批判性思维，培养开明公民"。批判性思维被认为是21世纪最重要的核心素养。在教育领域，我们希望培养出来的孩子具有批判性思维，这是他追求个人幸福，实现个人价值，成为合格公民的必备能力。

那么，批判性思维的定义是什么？斯坦福词条的"critical thinking"中提到有17种那么多，定义分歧比较大，但基本上有"有针对性目标的慎思"的意思。"有针对性目标"，目标可以是行动，如盖房子，也可以是信念，如相信地球是平的。慎思，很明显，有些草率的判断、评价、推论就不属于批判性思维的例子。无论证据多么强，他就是死不认理，行动模式与信念系统依据的是日常经验，以及各种未经审查的习俗与宗教信仰，这就是批判性思维的反例。

不同学科其实都可以培养孩子的慎思精神，数学要求严密的推理，科学要求谨慎的求证，即使是体育运动，也讲究如何更快速地实现运动目标的批判性运用。批判性思维，用杜威的话来说，就是一种"反思思维"。而具有反思思维的优秀的批判性思考者，是不同学科培养的共同目标，却不一定是哲学家所独有的品质。

如何理解哲学训练与其他学科的批判性思维训练的不同呢？哲学学科里的批判性思维可能更为深层。

举例来说，甄别信息真假，能够区别真信息与假信息，区别事实与谣言，这是对批判性思维者的要求。但是，认识论会要求我们进一步追问：何为"事实"？何为"真知"？我们凭什么认定那是"真信念"？一旦开始追问，就意味着，我们把慎思的对象深入到了哲学领域，这也可以理解为反思思维的深层运用。

从这个角度说，哲学思维不仅是批判性思维，更是"去边界的/后设性的/本底式的"思维方式。

它是一种后设性思维，不断追问的、要求确定性与根基性的思维。

每个学科都有自己的理论前提与预设，而哲学思维面对的问题恰恰是对于预设的追问，寻求完全的确定性与终极知识。因此它的根基性并不隶属于任一学科。举例来说，对无限小的预设在微积分那里是不需要质疑的，但哲学的本性要求追求这一概念设置的理由：无限小是否存在？

同时，哲学思维是去边界的，突破学科边界，要求思考者就某个问题调动多种学科知识。比如，阅读绘本《小蓝与小黄》，学生对颜色的故事感兴趣。绘本告诉我们，黄色与蓝色碰在一起变成了绿色。小朋友可能只是对文本细节"绿色"的来源感兴趣，它也可以是物理学问题（视觉问题等），还可以是生物学问题（小黄的出生），甚至可以是形而上学问题（颜色的本质），等等。

在什么意义上，儿童是个哲学家？

笛卡尔在《第一哲学沉思》里面写到这么一种心情，他说，他要把自己从小到大接受的那些信念来个彻底悬置，全面的怀疑，然后再重新确定有什么是可相信的。因为系统工程太大，而且他想要心智足够成熟才来做这个事情，终于等到这么一天，他开始动笔了，开始第一沉思了，即彻底怀疑，剔除偏见。

作为"哲学家"的小孩，本身不需要像笛卡尔那样从头开始，因为他们没有接受太多的成见，看什么就对什么好奇，不断地惊叹与质疑。他们对一切事物发问，并不习惯于偏见。

我们说，哲学开始于惊叹，是指爱智慧。从这个理解出发，小孩无疑是哲学家。但是，我们也说，小孩的批判性思维是比较差的，推理能力是比较弱的，虽然善于发问，有想象力，但不善于慎思。

因此，恰当地说，小孩是没有经过哲学训练的哲学家。

他们只是"爱智慧的人"，但可能爱得不持久，也不懂得如何去爱。他们是有慧根的，有爱智的小火苗，儿童哲学的目的之一在于保护这个种子，而哲学学科的训练则是激发他们的潜能，使他们的哲学精神能够持续地流动。

按照霍华德·加德纳（Howard Gardner）的说法，人有多种智能，而存在智能（哲学智能）是其中一种。孩童天然具备爱智慧、追求智慧的种子，他们的热爱应该得到尊重与呵护。假如孩子的存在智能没有得到相应的刺激与呵护，那么久而久之，与生俱来的哲学感与好奇心就会逐渐淡化、消失。

哲学，本义为"爱智慧"，而并不是智慧本身，更不是好成绩。

它是一个过程，不是最终的结果。从柏拉图的作品中，我们可以看到，苏格拉底与他人的对话，往往都是没有结论的。苏格拉底知道自己无知，到处向人讨教，而其他人不知道自己无知。苏格拉底进行哲学反思，其他人却对自己接受的认知安之若素。从这个角度出发，儿童哲学，也可以是苏格拉底的问答场，是一种生活态度。

实际上，以往的知识学习，学生往往是"被启蒙者"，而教师，则是"启蒙者"。而在哲学课堂内，甚至课堂外，参与课堂的人，无论发言者还是倾听者，大家都承担了相互启蒙的责任。

每个人都有权质疑、追问、给出答复以及辩护。

在我的儿童哲学课堂上，曾经辩论过"有没有百分百确定的事情"，这是一堂与"寻求确定性"主题相关的开放讨论课。课后几天，有一位同学来找我好几次，意图检验他的猜测。

"老师，我知道一件事一定是百分百确定的！"

"地球上数量最多的东西百分百是细菌。"

"微小到肉眼无法看见的一定是细菌。"

"你踩在脚底却看不见的极其微小的东西一定是细菌。"

谜底本身不重要，重要的是他的投入，他的专注与执着。寻求真理，似乎成了他校园生活的一部分。在他的身上，我看到的是涌动的哲学精神。

如何让孩子们做哲学？

在我进入小学做哲学实践的时候，听到的最大的质疑声是：儿童是否有能力做哲学？而随着儿童哲学的普及与发展，更多教育者关注的问题转为：儿童应该如何做哲学？如何做的前提是能够做，但做不好，可能也会导致对儿童哲学能力的误判。皮亚杰曾认为，在12岁之前，儿童是没有能力做哲学思考的。但是，他的判断是基于他自己设计的心理学实验，这一系列的实验在多年后被其他心理学家诟病为缺乏儿童视角，皮亚杰却把实验设计的缺陷归因于儿童的无能。现在，仍然质疑儿童讨论能力的人，需要的往往不是说理，而是到儿童的哲学交谈现场看一看。

如何才能让孩子们顺畅地做哲学？这离不开有效的刺激与

撬动,因此,合适的刺激物是选编儿童哲学教材的首要因素。

以IAPC[1]为例,参与撰写儿童哲学教材的人多数是哲学学者,这些作品的专业性有保证。它们以通俗易懂的方式,向儿童呈现出哲学问题的本来面目,向儿童传授简易版的哲学,把本真的哲学问题抛给孩子们,比如,善恶、公正、幸福以及自我等问题。

对那些具有抽象思维能力的孩子来说——他们的思考经验已经或多或少地触碰到了这些问题——直抵哲学核心问题的思辨讨论是可能的。但更多孩子可能不具备这样的条件,他们需要更具有故事性的文本以及更戏剧化的情境,而这些因素,在经典的儿童文学及绘本故事中比比皆是。那些优秀的儿童文学作品,或贴近小孩的生活经验,或切合儿童丰富的想象力,极具儿童视角。如果说,IAPC对教材的研发途径是从哲学到儿童,那么儿童文学的路径则是从儿童到哲学。

就我个人的教学实践来看,从儿童文学中寻找具有哲学意涵的作品,并对之做出哲学性的问题阐释,是更值得做的方向,也更容易操作。毕竟,阐释比创作要容易得多。在众多儿童文学题材中,绘本则是儿童哲学教育者常常选用的教材。

我的课堂上曾经讨论过一个话题:什么是爱?话题正是由绘本引入。当时,孩子们留意到绘本里面有个细节:女王亲吻了青蛙,而这青蛙是女人变的。

小朋友觉得很奇怪,女生怎么能亲女生呢?!

---

[1] Institute for the Advancement of Philosophy for Children的简称。这是李普曼创立的儿童哲学促进协会,也是世界上最早的一个儿童哲学研究机构。

在有些小朋友眼里，亲吻就是喜欢的意思。他们觉得，女生是不能喜欢女生的。

小E提出反对："外国人，亲亲就像睁开眼一样简单。"她认为，亲，并不等于喜欢。

有个小男生反驳得更彻底。他说："我也亲过我们班的很多男生，我也喜欢他们呀，这很正常。"他认为同性亲同性，喜欢也没有关系。

小E继续补充："我跟班里男生合得来，其他人看到了，就瞎起哄，说你们结婚吧。但是，喜欢并不等于爱呀。"

小T就不同意这样的看法，她说："电视剧里有些人相爱了一辈子却一直没有结婚。也有人相爱，却因为女的不想生小孩而分开了，最后随便找了个人结婚生小孩。"

针对小T所言的"随便找了个人结婚"，小E不服气，她继续说："我觉得很奇怪。你重新找一个人生小孩，还是得考虑一些基本问题，花费的时间无疑是更多的啊。"

不过，小F的观点似乎更有趣，她说："电视剧里演的，不是真的。这不可能嘛，她说的是'随便'，唉，随随便便，到菜市场拉一个人，喂，看到超市里那个男生挺帅的，拉过来，结婚。"

小T被反驳了，她就说了个真实的事，"我妈妈以前有个非常非常爱的叔叔，叔叔也很爱她。我妈妈想要结婚生小孩，但他不想，后来就分开了。我妈妈就随便找了另外一个人结婚了"。

我问："那个人就是你爸？"

她点点头。小T的例子用来辩护"婚姻并不等于爱"这个观点,似乎很有说服力。当时全班都安静了,似乎被说服了。

这样的场景,说明孩子们对喜欢、爱与婚姻等概念的理解与区分是非常清楚的,举例论证也是有板有眼的,成年人之间的讨论也未必如此有力。

儿童性,在我的教学实践中是第一重要的因素,它是课程的入口。入口没有打开,再好的内容也没法进入孩子的心灵,也无法激活他们的哲学好奇心。而儿童哲学教材的编写,对我而言,是一种"转码"工作,也就是将枯燥难懂的哲学议题转化成儿童能够理解、愿意思考、乐于讨论的话题。

如何使用本书

这本书的目标读者是青少年、教育者以及通识教育研究者。跟一般的哲学通识读物不同,这本书是我个人从事儿童哲学教育本土化实践的一个阶段性总结与呈现。除了哲学立场之外,本书的撰写尤其注重儿童性与本土化,它包括了三大主题:神话故事里的哲学、生活里的哲学以及未来哲学。

儿童,是时间中的存在者,存在于历史、当下与未来之中,存在于具体文化、国家历史与生活经验之中。

作为历史的存在者,儿童携带着特定的文化基因与民族记忆。传统的熏陶与历史的印记在祖辈的口耳相传、节日的祭祀与器物日常之中得以流传。在尚未进入个人身份认同之前,文化之于儿童,更多的是质疑与惊诧。这些好奇,或许从未得到大人们的支持与有效回应,于是,它们或作为文化成见被带入成年,或作为经验质料滞留于个人记忆之中。因此,本土的神话传说也是儿童哲学话题的传统资源。

神话故事里的哲学,在内容上具有普适性,而问题之呈现则是本土的。鬼是否存在?为什么要拜神?盘古的创世理由是什么?这些问题都是中国式的,但实质上则分别指向非物质性实体是否存在、欧悌甫戎问题以及神创论问题。按照亚里士多德的方式来说,神话故事是质料因,而背后的哲学问题则是形式因。哲学问题是普适的,但在不同文化背景下,问法可能是五花八门的。

儿童也是当下的。儿童阶段不仅是进入成年的准备,更是自在地享有当下,过一种具有独立意义的生活。因此,儿童的生活,包括家庭、校园以及社区生活,本身就是一种复合的经验。人际冲突、认知困惑与意义纠结都是个体进入生活所遭遇的面相,也是滋生孩童哲学思维的教育资源。

儿童也是天生的幻想家。爱幻想可以说是孩子的第一天性,他们对科幻故事天然着迷。儿童对哲学问题的直觉性把握,来源于现实生活经验,也来源于他们的幻想世界。技术从来没有像现在这样深远地影响着人类的生活。技术革新给人类带来便捷,也带来了不确定性与焦虑。人工智能有可能产生意识吗?人工智能会取代人类吗?人类应该奉行科技至上主义,还是为技术设置人文底线?

围绕以上三个主题,设置了一些有意思的话题,每个话题里,都包含三个部分:"大黑讲故事""大黑小白对话录"与"主题解析"。"大黑讲故事"的内容有些是故事,有些不是。我的本意并不在于提供具体的案例,而是说每位老师、家长以及引导者都可以将自己的成长故事融入与孩子的哲学互动之中，使得对话具有鲜活的生命力。而与儿童的哲学对话的魅力恰恰在于此，它是流动的、当下的、现场的，也是生成的。

"大黑小白对话录"中，大黑以我自己为原型，里面的对话大体上是我在学生面前有意刻画的形象。有时候我像是老师，有时候则装得很无知，目的也是引出与小白的更多有价值的思考和对话。通过这样的对话，你可以看出一种类似于苏格拉底式的对话模式，但不完全是苏格拉底式的。这跟儿童哲学教师的角色有很大关系。在柏拉图的对话集里，大多数场景下，苏格拉底本人就是对话者，但在课堂上，儿童哲学教师更大的责任是创造一个对话的哲学共同体。细心的读者不难看出，小白并不是一位学生，而是我大部分学生的集合体，小白代表的是一个"哲学共同体"。

在看完前两部分后，读者可能对于如何与孩子谈哲学、组织哲学教学还是一头雾水，那么第三部分则是提供一个可能的方向。在"主题解析"的开头，我列出了中小学生比较感兴趣的问题，有一定的线索逻辑，跟主题也有相关性。读者不需要全部涉及，但可以从中遴选自己感兴趣或能驾驭的问题，与孩子共同探讨。有时候，跟孩子们一起讨论问题的由头，可以是问题，也可以是一个故事、一部电影、一个形象。参考素材也提供了一部分线索。当然，主题解析的主题部分提供了较为具体的解释，如果按照这个线索来展开教学或推进对话，也未尝不可，但是否合适，每位对话发起者应该是自己当然的评判者。

童年，是每个人的故乡，是我们的精神原动力；成年是成长，也是遮蔽；儿童是哲学家，拥有尚未遮蔽的思想，以一种本真的状态与面目存在着。苏格拉底曾说过，知识即回忆。如果这本书能够激起读者曾经的哲思回忆，唤起童年的蛛丝马迹，记起那些惊诧时刻，那么这便是对作者的最高嘉奖。

神话故事里的 **哲学**

1.1 创世：盘古为何要开天地？

一、大黑讲故事

在西方哲学史中，神的创世问题是一个几乎无法回避的议题。这不仅关乎存在的起源——试图回答"我们从何而来？"这一根本性的问题，同时也涉及生命的意义，探索我们在宇宙中的角色和目的。更进一步，它还涉及宇宙是否按照某种道德标准被创造，从而为我们生活中的道德选择提供指导。

在中国，我们并没有一个一神论传统，而且更重要的是，在我们的孩子的知识背景中，并没有神的观念。他的家人可能是无神论者，或者是多神论的民间信仰者，比如信奉关公、土地公等。因此，尽管创世的问题是宗教、文化和身份的基础，为不同的文化和

社群提供了共同的起源故事,但对中国孩子来说,我一直觉得这是个难以理解的问题。而对于学哲学的人来说,它又是绕不开的议题。因此,如何理解创世逻辑,成为我一直思考的议题。同时,这也是我思考哲学教育的议题,即如何把这个经典的宗教问题转化成中国孩子能够理解和接受的问题。

　　根据大爆炸理论,宇宙起源于一次爆炸。在大爆炸之后,宇宙一直处于扩张状态。这是科学家们提出的假设。虽然没有人目睹宇宙的开端或大爆炸前后的模样,但这一科学解释被视为目前人类所能接受的最佳解释。在科学尚未发达的时代,我们的先辈们普遍认为世界并非自然而然地形成,而是被创造出来的。很多人坚信是神明创造了这个世界。在中国,广为流传的是盘古的传说——他开辟了天地,创造了这个美丽的世界。

　　神话告诉了我们盘古是如何开天地的,但是盘古为何要开天地?设想你是盘古,为什么要开天地?

二、大黑小白对话录

小白：盘古开天地的时候还没有人存在，那古人怎么知道是盘古开辟了天地呢？

大黑：即使真的有人见到的事情，也未必就是真的。盘古开天地是神话传说，而不是历史记载。

小白：神话，很多都是乱讲的，不能信的。混沌是怎么形成的？盘古从哪里来？为什么盘古长得像一个人？混沌又是从哪里来的？混沌里怎么会有斧头？斧头不是只有人才能造出来吗？鸡蛋里的斧头是谁制造的？

大黑：这些都是合理的质疑，很多人也认为盘古不是真实存在的神。

小白：在天地还没有被开辟之前，一片混沌，盘古用斧头砍了一刀，光就进来了。但是光不应该属于天吗？没有天，哪里来的光？

大黑：是的。光应该来自天空，来自恒星，天地不分之时，发光物体也应该尚未存在。

小白：盘古有着开天辟地的力量，肯定不是普通人！可如果盘古是神，那为什么还会累倒呢？为何会筋疲力尽？他不是应该有用不完的神力吗？

大黑：或者，我们也可以理解为神有各种等级，全能神无所不能，还有级别较低的神，神力有限。

小白：盘古是创世的神，说明他的神级应该很高，但是他力量会用完，他还会死，这有点没法理解。

大黑：我们暂且放下这个叙事的逻辑问题。假如你是盘古，你会怎么思考创世的动机问题？

小白：我觉得，对盘古而言，最可能的是，他自己根本没有多想，做这些纯属偶然。盘古可是在这个混沌如大鸡蛋的世界里睡了18000多年呢！我想他一定在这个世界里积攒了太多的力量，想要释放出来，一苏醒，一伸懒腰，天地就自然开了，待在鸡蛋里，对他来说，太憋屈了。

大黑：如果是你，你会怎么想？

小白：我觉得盘古或许是醒来后感觉太无趣了。这个混沌如大鸡蛋的世界里只有盘古自己和一把不会说话的神斧，连一棵小草都没有，会无聊疯的吧！空间也太狭小了，会让他感到很不舒服，所以他就创造出一个更宽阔、舒适又有生机的世界。一个鸟语花香的世界更美，还是一个拥挤不堪的世界更美，这不是显然的吗？

大黑：你怎么知道创造出来的世界会是更好而不是更坏的呢？万一外面的世界有豺狼虎豹甚至更糟糕怎么办？

小白：盘古只是创造了一个让他更为舒适、更有美感的世界。就此而言，是变好了。开天之后，会不会变坏，也许盘古在行动之前也无法预知。难道因为无法预见未来，盘古就要停下开天地的脚步了吗？神话里也没有预设盘古是能够预知未来的神。他所创造的世界，也存在各种自然灾害、战争与暴力，盘古也不一定想要这些坏事发生吧？

大黑：根据神话的记述，盘古是善良的，他似乎并没有意图设计这些自然灾害。即使如此，在他创造出来的世界中，自然灾难频频发生，那也算他想得不周全，当然，他也未必有预知未来的能力。

小白：是啊。盘古怎么知道后来的女娲造了人呢？没有动物也没有人，火山喷发和地震、海啸也就谈不上是自然灾害，因为都没有伤亡！

大黑：有没有可能盘古并不是自己决定开天地的？

小白：也就是说，他开天地这个行动是随机的吗？

大黑：随机地开天地是一种非自主性创世，被指使、接受命令创世也是有可能的，这个给出命令的，可能是其他更高级的神，也可能是"命运"本身。比如，古希腊神话里，宙斯的父亲是克洛诺斯。是否存在着父亲一样的角色，对盘古发号施令？神是否也在天命之中，没有个体的自由意志，任凭命运摆布？

小白：我认为不太可能。这样来推理，假如盘古只是命运巨轮中的一环，并没有神的自由意志，那么，他相当于一个机器中的零件，这个零件承上启下，由他来开启天地分裂的开关。盘古其实是个千斤顶啊！

大黑：是啊，千斤顶不可能有自我意识，也不可能有好奇心，但是，盘古可能想看看外面有什么东西，他对鸡蛋外的世界是有好奇心的。

小白：好奇心，对于人来说，是个好东西，对神而言就不一定了。好奇心意味着有所不知，特别想知道一些他原来不知道的事情。说神有好奇心，言外之意就是他知道得少啊。

大黑：有道理。

三、主题解析

> **问题引导**：世界为什么会存在？这个世界有它的目的与意义吗？所有的事情一定要有开端吗？你觉得盘古开天地的故事是真的还是想象的？盘古能够预知女娲造人吗？盘古会好奇吗？盘古为何要创造更美丽更好的世界？如果你是盘古，你会选择不同的方式来创造世界吗？为什么？
>
> **参考素材**：宇宙大爆炸理论、盘古开天地、《圣经》里的上帝创世、希腊神话里的原始神。

盘古为何开天辟地？这是基于传统文化故事的一次哲学探讨，是一个典型的儿童哲学本土化案例。西方世界的创世伦理，围绕着上帝的全知全能全善，产生了丰富的神义论解释系统。中国传统文化中并没有一神论传统；多神论视野下的创世伦理，似乎少了追踪创世之逻辑一致性的动力与执着。孩子们的好奇，是打开传统神话故事里哲学密道的一把钥匙，同时也是沟通西方启示传统的一扇窗口。以孩子对盘古叙事的发问，中国本土化的"三全"问题也在其中部分地呈现。全知：盘古能够预知女娲造人吗？盘古会好奇吗？全能：盘古为何会筋疲力尽？全善：盘古为何要创造更美丽更好的世界？

神话故事，代表的是一个文明的童年，展示的是人类幼儿时期的观念史。神话所展示出来的幻想精神与趣味性跟儿童心理天然吻合。神话故事本身包含丰富的田野资源，而这一切口也便于发掘儿童的哲学思想。

问题基于第一人称视角,让小朋友自我的具身化感受置入盘古苏醒时的处境。他们可以想象,在狭小的"混沌空间"内,盘古"伸展不开",摸到斧头之后砍了一下,居然"在顷刻内辟出了天地"。继而,孩童眼里的盘古害怕天地重新黏合,陨石迅驰,"砸到脑袋而死"。因自身安全之故,盘古顶天立地,与日月山川同增共长。从这一点来看,我们可以发现孩子们的共情能力是广泛的,在某种程度上也似乎能够解释盘古的创世动机。而这一动机,就事件本身而言,也是偶然的。开天地这一事件因盘古自身的苏醒与自然反应而发生,一切都没有规划,盘古如此做的动机只是他的机动反应与生存本能。偶然创世并不是一个整全的解释,盘古没有必要牺牲自我来造就天地两分与万物生长的世界。假如只是生存本能,盘古应该保全自我退回鸡蛋般的混沌之中。

有些同学可能会这样来解释盘古维持天地秩序的决心:盘古就像沙滩上堆沙堆的孩子一样,想尽办法保卫自己创造的作品。在孩子们的眼里,创造是他们的本能之一,是有价值的活动,可以抵御无聊,也催生快乐。当孩子觉得无聊的时候,给他一支笔、一页纸,创造便自然而然地发生。他们是天然的艺术家,涂涂画画,对时间的流逝浑然不觉。当他们完成创造作品的工作时,一幅完整的作品生成了,自然有了保卫它的理由。

创世,从严格意义上来说,也是一种高级的活动。设想一下,一直待在蛋里的生活将会多么无聊。破壳而出,进行富有价值的创造活动,这种创世的行为从儿童的视角来看,就如画画中蕴含的创造一样,是有趣的。

然而,神的视角与人不同,不能把自己的动机套入盘古的行动逻辑里。有人认为，盘古自身应当具有一定的审美高度，鸡蛋状的混沌实在不堪入目，暗无天日的居住环境过于恶劣丑陋。因此，一个具有美感的，一个更加广阔的、山川秀美的、有鸟语花香的、充满生机的世界无疑更值得向往，这样一个更好的世界，就是盘古的行动理由。

创造一个具有审美价值的世界，本身是一件好的事情，并不取决于其他具有感受性存在者的体验与知觉，也不依赖于盘古自己的喜好与体验。换句话说，即使没有人见过或者生活其中，这个世界的存在本身也有超越的意义。而这个世界的超越性，是盘古开天地之后，牺牲自我的可能性目的与意义所在。因此，一个美好的世界是值得盘古耗费心血建造的。

英国哲学家乔治·摩尔（G. E. Moore）曾经设计过一个思想实验：想象两个不同的世界，一个垃圾成堆污秽不堪的破烂世界，一个鸟语花香干净整洁的美丽世界。他要求读者想象哪一个是更有价值的世界。很显然，很多人会选择后者，而做出这个选择的理由在于一个更好的世界并不取决于生活于其中的人，即使没有人存在，也不影响对两者孰优孰劣的评价。

因此，盘古能否继续生存并享受世界给他带来的乐趣是次要的，因为被设计出来的新世界自有其价值。在盘古创造完成之后，作品本身便具有了独立性，它的价值并不依赖于后世的任何存在者，包括人类。后来诞生并生活于其中的人能够享受这个世界带来的好处则属于衍生性的价值。

如果盘古的设计兼顾了人类的幸福可能，那么他必然预知了女娲的造人行动，因而具有某种程度的"先知"能力与纯粹的善意。

但是，从另一方面讲，盘古似乎不是无所不能的上古之神，他有自身的局限性："筋疲力尽"，"倒地"而亡，化身万物。换句话说，盘古是一个善良的、有一定预知能力的有限神。当然，如果盘古的神力无限，开天地可能是轻而易举的事情，那么我们可能会更倾向于崇拜他的无所不能。

无论是基于自我考量，还是审美需要，或者是利他心理，这些分析都是基于想象与推演。重要的是如何更好地解释神话的内在逻辑，而不是历史考证。先民们理解世界的方式是神话，现代人则是科学，不同的解释工具背后是有差异的价值观与世界观。从儿童的视角揣摩盘古的创世意图，可以在某种程度上获得对神话起源的理解，更多的是顺应儿童思考世界的方式，他们以个人的思考印记去理解古人的思想。人类思维的渐进演变，与儿童的心灵成长史，似乎存在某种交叠，理解了儿童，或许能够管窥古人创作神话的真实意图。

1.2 人的定义：索拉丝的难题

一、大黑讲故事

读研期间的某一天，路过商场，门口坐着一名中年妇女，用绳子套着一个弓着身子的"小动物"。以为是耍猴的，上去一看心里暗暗吓了一跳，"小动物"原来是小孩。得了怪病，身材矮小，不会说话，只会从喉咙里发出"咔咔"的声音。看得出来，"小动物"非常急躁，上蹿下跳。母亲眼神里流露出无奈，没有哪个母亲愿意这样展示自己的孩子，但她要集资给孩子看病。我放了点钱在她面前，走开了，心里却久久不能平静。明明是个小孩，却套上了猴圈，但说他是人，人所具备的特征他却没有。"人是什么？"这个问题，后来一直困扰着我。

后来,我当了一名小学哲学教师,设计了关于"什么是人?"的问题讨论。但这显然不是一个小学生容易理解的问题,于是我编了这个故事:

索拉丝,希腊的冒险家,传说中的神之远亲,她血液中流淌的冒险精神或许是天生的。命运的玩笑开始于一个幽暗的黑森林。但森林善待了她,她遇见了一个樵夫,给了她与自然对话的日子。岁月如涓涓细流,她18岁那年,春天的花已绽放,而她冒险之心使她急不可待地想要窥见外面的世界。在遍历了高山、大海,还有沼泽后,沙漠,这片黄色的绝境,展现在她眼前。这个沙漠,有人说是无穷无尽的,有人说是生命的边界。沙漠的边缘,一名老妇眼中流露出了善意的警告。索拉丝一如既往地步入沙漠,身世之谜成为她前行的动力。城堡,如同传说中的幻境,突如其来。城墙下的白骨,揭开了过往的失败。那站在城墙上的怪兽,其实,更像一个哲学家。它的问题深沉而又简单,探究生命的核心:"人是什么?"

二、大黑小白对话录

小白：大黑，这个故事，我怎么听着有点耳熟，好像在哪里听过。

大黑：这是我改编的。古希腊底比斯城遭受狮身人面鸟翼兽斯芬克斯的侵扰。怪兽拦在城门外，要求过路人回答它提出来的问题：有一种东西只有一个身体，早上有四条腿，中午两条腿，晚上三条腿。很多人答不出来，就被怪兽吃了。俄狄浦斯说出了正确答案：人。婴儿时期四条腿走路，成年用两条腿走路，老年时拄着拐杖走路，就是三条腿。怪兽失败了，俄狄浦斯成了底比斯城之王，娶了自己的母亲，完成了弑父娶母的谶语。

小白：斯芬克斯之谜的答案有问题。发生意外的婴儿就没有"中午与晚上"，失去双腿的残疾人也不符合这个说法哦。

大黑：这是指人类的成长规律，而不是特例。三句话，给出"人"的精准定义，我觉得太难了。

小白：我想到了一个，人有"隐私部位"，但动物没有。

大黑：哈哈。动物当然有隐私部位，只是它们并没有把隐私部位当成"隐私"。

小白：换个说法，人有隐私，动物没有。

大黑：隐私，是由人自己界定，还是客观存在的？

小白：什么意思？

大黑：比如说，一个人的日记，算不算他的隐私？

小白：主动给别人看的日记肯定不算隐私，不想给别人知道的就是隐私。

大黑：只想给特定的人看呢？

小白：那对其他人来说也属于隐私。

大黑：那就是说，隐私是完全取决于个人的吗？如果是，那就是主观界定，而不是客观的。

小白：在日记这个例子上，它是否属于隐私，是完全由个人决定的。但你不能说脸是隐私吧？走在马路上，你不能看我的脸，看就是侵犯了我的隐私。这明显不对嘛。

大黑：不一定。阿富汗塔利班政府不允许妇女露脸，脸部不就是隐私了吗？

小白：倒过来了吧？谁愿意整天遮住脸呢？被禁止露脸，她们想露出来没得露，这是侵犯了人身自由权，跟隐私没太大关系。

大黑：你说得对。隐私的范围，我们大体有大概的界定。但这不是我们讨论的重点，恰当说，动物没有隐私的概念。

小白：动物有没有概念能力，你也不知道呀。

大黑：那人跟动物的差别，你觉得在哪里呢？

小白：人有羞耻感，动物没有。做错了事情会悔恨；错过了事情会遗憾；干了对不起别人的事情会愧疚；事情成功了会有荣誉感。

大黑：人有情感，动物最多也就是有体验苦乐的能力，缺乏更高级的情感反应。是这个意思吗？

小白：对的。

大黑：有些人恬不知耻，衣冠禽兽，虽然是生物学意义上的人，却在道德规范上不符合人的定义。亚里士多德还有个说法，人是政治动物，首先是政治的，其次才是动物的。政治，意味着一种群体生活。

小白：我觉得政治不应该归入人的定义。人来定义政治，而不是政治来定义人，先有人，才有政治，而不是反过来。鲁滨逊一个人在海岛上漂，能说他不是人吗？

大黑：政治动物是古希腊人的说法，个体往往被具体的时代所限，人是历史的，也是传承历史的。有人认为，人是能够传递东西的生物。比如，爷爷知道宝藏，告诉子女，一代代传递下来。

小白：或许是，但有些孤儿没有家族历史，也不能算非人吧？科普书上说，人是从猴子进化而来的。这总不会错吧？

大黑：有同学根据他的个人观察说，人看起来更像猿而不是猴子。那究竟是应该相信自己的观察，还是信科学书上的呢？

小白：个人的经验观察不一定可靠哦，我还经常认错人，在迪士尼拍一个人的肩膀，以为是同班同学，发现不是。科学书是科学家总结出来的，应该比个人的观察可靠吧？

大黑：你说得对。但无论如何，人是进化来的。这一点，我们是有共识的。

小白：也不一定，很多人还觉得，人是上帝造的呢。

大黑：他们怎么确定是上帝造的，不是女娲造的吗？

小白：中国人是女娲造的，外国人是上帝造的。

大黑：不同地区有不同文化，也有很多不同的信仰。不同的宗教体系对世界的起源与人类的诞生有不同的解释，有些是相互冲突的，那么我们应该相信哪一种，还是应该都不信？

小白：那，人是会说话的动物？

大黑：鹦鹉也会说话，但不是人；而哑巴不会说话，却是人。

小白：鹦鹉属于学舌，而不是说话，复读机，难道也算会说话吗？苹果系统里的Siri还可以智能回复，是智能语音系统，但是它也没有"说话"的能力。即使人工智能能够像人一样使用语言，它也不是动物。

大黑：所以，"说话"是什么意思，我们得有辨析。只是发出声音，简单回复，甚至基于人工智能的算法给出回应，都不是"说话"。

小白：说话，应该就是"使用语言"，能够像人一样理解语言的意思，而不是单纯地基于算法来给出回应。

大黑：假如有一天机器人能够理解语言，而不只是计算，那么机器人就应该归属于人，而不是归属于物。

三、主题解析

> 问题引导：隐私是人特有的吗？动物有隐私吗？人与动物存在根本差别吗？未来的人工智能是否具有人格属性？人是自由的吗？人是神造的，还是进化而来？
>
> 参考素材：斯芬克斯之谜、"无脑人"病例、斯皮尔伯格的电影《人工智能》。

"什么动物早晨用四条腿走路，中午用两条腿走路，晚上用三条腿走路？腿最多的时候，也正是他走路最慢、体力最弱的时候。"

这个材料改自索福克勒斯的《俄狄浦斯王》。很多孩子看过希腊神话，对斯芬克斯之谜也熟悉。斯芬克斯用缪斯所授的谜语质问路人，猜不中的都会被它吃掉，以此来测试人类智慧和洞察力。据说，俄狄浦斯猜中了答案，斯芬克斯羞愧自尽。如果说斯芬克斯代表着智慧，那么俄狄浦斯则是超越智慧的人。人的问题，是根本问题。而人的理性，显然是有限的。俄狄浦斯王不是普通人，是英雄，他有能力解答，但更重要更为难解的谜仍有待解开。

宇宙是如何诞生的？生命是如何诞生的？人类又是如何诞生的？对古人来说，人是被创造出来的，是受造物。而造物者则是无所不能的神，在西方，是上帝，在中国，则是女娲。人是否为神所创造，这一点无法考究。然而，神话是先民们的发明，这一点确实没有多少争议。一方面，从科学的视角看，我们很难想象人诞生于女娲的随手一捏。另一方面，从神创论的角度看，达尔文一开始提出进化论的时候，也让基督徒尤其震惊与愤怒：人怎么可能是从猿猴演变过来的呢？！但这不是立场之争，科学假说往往从观察与证据出发，一步步加强自身的理论强度与说服力。进化论提供了一种强有力的解释。

人是从猿猴演化而来的，达尔文的这个理论几乎是现代人的共识，它驳斥了神创论的观点，但并没有揭示人的本质。人的本质是什么呢？基因或许也是一种解读方向。人是由自身的基因决定的，我们的容貌、血型、体格、性格都是基因的表达。有同学认为，我就是我的基因。无论是高等动物还是低等的微生物，它们的行为都受基因控制。

人有基因，细菌也有基因。我是我的基因的说法并没有将人类的独特性展现出来。就像我们说人是动物一样，除非我们在"动物"前加上限定词。亚里士多德说，人是理性的动物。理性使人与其他生物有所区别，使人具备思考能力，人是有思想的存在。帕斯卡说："人只不过是一根芦苇，是自然界中最脆弱的东西，但他是一根会思考的芦苇。"尽管人在宇宙的广袤中微不足道，但思想使人变得伟大。思考使人超越动物界，成为具有至高无上尊严的存在。"我能想象一个人没有手，没有脚，或没有头（因为经验告诉我们，头比脚更重要），但我无法想象一个人没有思想，那他就成了一块石头或一只动物。"对帕斯卡来说，人的本质在于思考，没有思考，人与石头或动物等就没有根本上的区别。

也许有人会说，动物也会思考如何获取食物、伺机行动、围捕猎物。追随自然科学家的探索步伐，跟随BBC的镜头，我们发现动物世界中存在着极为复杂的行为方式。猴子借助工具获取食物，大猩猩使用树枝捕捉蚂蚁进食。也许你会感叹，动物真的很聪明。然而，这些行为更像是动物求生本能的体现，并没有超出自然界食物链的生存逻辑。

就像孩子们说的，"人能够养宠物，而宠物不能养人"，饲养宠物并非人类进化的习惯，而是人类自己的意愿，希望将动物当作宠物而非食物，不是基于储存食物的需求而驯化野生动物。动物可以成为人类的宠物，而人类却不能成为动物的宠物。人具备养宠物的"意愿"，而动物往往只服从于本能，没有类似于人类的高级意志。换句话说，人能够摆脱纯粹受自然界支配的控制，按照自己的意愿行动。

人拥有自由，而动物没有。人可以控制宠物，而不会被其他物种控制。这意味着行动自由或个人自由。在战场上，人战败被俘后成为奴隶。奴隶是人类，但失去了个人自由，也就失去了作为人的身份。恢复自由，则重新赢得自由身份。

叔本华说，人是欲望的奴隶。满足欲望只是一瞬间，满足之后，人生又陷入追逐欲望的陷阱。因此，人生是一场悲剧。垃圾食品并不健康，但有些人可能会克制不住地吃。小朋友们很清楚这个道理，有时候也能够抵制冲动不吃。换句话说，人能够摆脱欲望的控制，采取符合理性要求的行动。

归根结底，人到底是否自由？人是否拥有自由意志？康德（Immanuel Kant）认为，自由意志是一个基本假设。只有在这个假设成立的情况下，人才有可能成为道德上的主体。因此，人可以为自己的行为负责，并承担相应的法律后果。然而，这仅仅是一个前提。在古希腊人眼中，人没有自由意志，即使知道自己的命运，并试图改变，最终也会落入既定的人生轨迹。就像俄狄浦斯王一样，预言的公布让俄狄浦斯的父母试图逃避命运，但预言本身成为事件实现的推动因素，进一步推动预言的成真。

1.3 人的本质：看手掌纹，能预知命运吗？

一、大黑讲故事

在中国，看手相的游戏是许多大人与小孩间的娱乐方式。男的看左手，女的看右手，通过手相可以观察个人的寿命、智力水平、官运与财运等。虽然全国各地的看手相"理论"大同小异，但在我的故乡——潮汕沿海地区，却有着独特之处。这里的人，除了看手相，还通过观察指纹的形状来推测一个人的命理。甚至还有一首歌谣用来解释指纹所揭示的命理密码：一螺坐缀缀（不愁生计），二螺走脚皮（奔波劳碌），三螺有米煮，四螺有米炊，五螺五田壮（多田地），六螺掰心肠（常操心），七螺七驿驿（凡事有人帮），八螺做乞食（当乞丐），九螺九安安（一生安定），十螺去做官（官运亨通）。数数指纹有几"螺"，便知你的命相！螺指纹，就是手指肚上类似于海螺的纹路，呈现封闭螺旋外展的圆圈状，其他的都叫"簸箕"。

二、大黑小白对话录

小白：小灰妈妈很相信星座"理论"。曾经，有个懂星相学的人初次见到她，就说了很多关于小灰妈妈的事情，都是真实发生过的，但那个人根本不认识小灰妈妈呢。

大黑：不可能吧，他怎么知道那些事情的？小灰妈妈又不是名人。

小白：而且他也预言了很多事情，很多都中了。根据那个星相学家说，她的星相预测了她的人生。小灰妈妈现在很相信那个星相学家。

大黑：如果每次预言都是准的，她自然就信了。但问题是：什么是准的？

小白：也许是巧合。小灰妈妈说，信则灵，不信则不灵。

大黑：很多人都这样以为，但是这不就意味着它是假的吗？真假竟然取决于主观意愿。其实，星座是天文学家对星星位置的区分而已，属于自然现象，如何影响得了地球上的个体呢？

小白：还有人认为手掌纹可以决定命运呢！别人看你的手掌纹说你今天中午吃炸鸡，但是你绝对可以选择不吃炸鸡！

大黑：命运是不能由手掌纹决定的，这只是以前人们的猜想而已！就算是以前有一些看手掌纹"预测"人的命运的"成功"例子，那也只能是偶然猜对了而已，是没有科学依据的。

小白：手掌纹是天生的，是由基因决定的。

大黑：手相什么样主要是看身体里的DNA，DNA才是科学的，掌纹是不科学的！

小白：面相也是基因决定的。

大黑：很明显，一个人的DNA是固定的，天生的。那么由DNA决定的命运还有机会改变吗？人还拥有自由意志吗？

小白：手掌纹、星座、五行八卦，有很多人都会觉得说得很准啊。如果是猜的，也不能那么多人都被猜对吧？很多人心里还是认为看看指纹、分析螺数就大概能够知道自己的命数。古代人看这些，现代人查基因，感觉是一样的。

大黑：看指纹知天命，是很多地方都在玩的游戏，并没有科学依据。

小白：看手指螺纹很奇怪，有些说法是自相矛盾的。有些地方说七、八螺可以做官，有些地方说八螺要当乞丐。

大黑：对。不过不同的科学理论好像也会相互冲突。真正职业算命的，看手掌，也看生辰八字，不会只看螺纹。

小白：诸葛亮上懂天文下通地理，很会算，简直是神机妙算。

大黑：诸葛亮，是妖啊，怎么可能是人？

小白：草船借箭的例子，无非是看得懂天气罢了。

大黑：就像医生能根据你的身体状况做出分析，并预判你的疾病会如何发展。如果算命先生真的存在，能很灵地预测某些事情，那么他应该像科学家一样有类似的科研能力了。

小白：据说，很多看手相的人有时候只是懂得察言观色，看出别人的心理。观察你的穿着打扮，和你对话，他就能知道你是一个什么性格的人了。

大黑：性格决定命运。一个人的性格有很大的先天因素，据说很难改变。

小白：人生太长了。算命先生自称是"半仙"，实际上不过是个人，怎么可能算得清楚呢？可能大数据分析更准。哈哈。

大黑：真正的算命先生真的不可能存在吗？

小白：就像真正的隐士，很难找。隐士不会是真正的算命先生吧？

大黑：哈哈，有可能。

小白：这比外星人还神秘。

大黑：也许外星人就懂算命。

小白：如果有人能算命，那么警察局最需要他：预知犯罪，是杜绝犯罪的最佳方法。

大黑：算命先生能算并不代表他能改变现实哦。就像气象局看云图预测天气，但是并不能改变天气。

小白：气象局，帮忙把黑龙江的冬天温度调高20度，谢谢。

大黑：哈哈。掌握了地球气温的遥控器。

小白：是的，预测和决定是不同的。人还是有自由的，可以自主选择上天堂还是下地狱。只要选择做好人，就可以有好的结果。

大黑：设想，世界上存在一本预言书，阅读它就可以预知整个世界的未来。

小白：不可能。这本书是谁写的？

大黑：可能是某个超级存在者。

小白：那这本书怎么会流到人间呢？

大黑：根据基督徒的说法，《圣经》里面包含了启示与预言，是根据上帝的启示来写的。作者嘛，肯定是上帝咯。

小白：凭什么说现在大家看到的《圣经》一定是真的呢？要是

被人涂改了怎么办？

大黑：我的意思是，如果所有的事件都写在这本预测书里，那么每个人的人生不就是被决定的吗？

小白：即使如此，那么写进书里的这个也不应该叫预测。

大黑：你说得对。预测是一种基于已有信息做出的推断，预知就像"提前看到"了未来世界。人生之书的作者预知了未来的一切，就好像去过未来一样，已经确定了。

小白：我觉得命运不是固定的，可以靠自己去改变。就像《疯狂动物城》里的兔子朱莉，虽然她的基因决定了她是弱小的食草动物，但她还是凭借自己的努力改变了命运，实现了当警察的梦想。

大黑：但是有时候努力不一定能改变命运呀。一个天生有重度自闭症的人，他可以通过努力变成正常人吗？

三、主题解析

问题引导：手掌纹能够决定一个人的性格和命运吗？算命先生看相能预知你的未来吗？DNA能否决定个人的性格与命运呢？在没有自由意志的世界里，人还需要为自己的行为负责吗？犯罪倾向能否被遗传？

参考素材：弗兰西斯·韦佛（Francis Weaver）家族的犯罪史（弗兰西斯自己、他的祖父与父亲都被判谋杀罪）、"拉普拉斯妖"、命运之书、俄狄浦斯王。

"你会在20岁结婚，30岁有自己的事业，40岁有一个大挫折……"很多年前的一个下午,一个算命先生坐在村巷口,看了一眼我发小的手掌纹,对着他说了这番预言。多年后,我们都发现这个预言是假的。他已经接近40岁了,至今未婚。

"可能他不是瞎子",在农村人眼里,视力正常的人被表象的物质世界所吸引,容易忽略深藏在现象之下的真相,似乎没有资格算命。而那些失明或半瞎的人,被视为具有独特的洞察力,他们的内在视觉能够更深入地探寻生活的本质,窥视命运的走向。这种理解源于人们对未知的敬畏,对超自然的猜想。也许,对乡村人来说,这才是真正的"看"。

可是,手掌纹能够决定一个人的性格和命运吗?

这是一个有关自由意志与决定论的问题。从中国孩子的视角看,它显得稚嫩,却很有中国孩子的思考气质。在中国传统的家庭氛围里,命运、性格、手相、面相常常是大人们讨论的主题,小朋友未来的人生也常常是他们的话题。这样的话题,小朋友可能只是懵懵懂懂,逐渐长大后,思考一点点成熟,也会做一些独立的思考与分析,带有一定的批判性素养,这时,他们会开始追问其中的逻辑性与合理性。

在科学尚未昌明的时代,龟壳、水晶球以及天空上的星星被当作人类窥探自然、命运与神灵世界的窗口。

对于接受过科学教育的孩子来说,他们很难接受这些自然物与个体命运存在着因果关联。同样的,手掌纹只是人体皮肤的纹路,是后天可以修改的皮肤表层。认为手掌纹可以决定人的命运,跟发型决定命运一样不可信。

手掌纹虽然不能决定命运,但是手掌纹是由基因决定的,每个人的基因表达不同，手掌纹也就具有了特殊性。手掌纹只是人的"显示器"的一部分，DNA才是人的大脑与操作系统。于是，这个话题就转化为：DNA能否决定个人的性格与命运呢？

东芬兰大学的心理学研究团队在2015年发表了一项有关"犯罪基因"的研究。研究人员对芬兰囚犯做基因分析，发现芬兰囚犯的A（MAOA）以及CDH13基因（编码神经元膜黏附蛋白）具有实质性信号，而在非暴力犯罪者中两者并不显示。研究表明，芬兰所有严重暴力犯罪中至少5%—10%可归因于MAOA和CDH13基因型。[1]

虽然只有5%—10%的相关性，但是确实揭示了所谓的"犯罪"基因的可能性。当然，即使是10%的相关性也不能说明它决定了个体的犯罪行为。假如DNA100%决定了一个人的命运，那么这意味着一个人的命运不取决于外力，仅仅取决于他的遗传信息。换句话说，无论个体出生在什么年代、什么地区，他的命运都是被决定的，跟后天的教育、家庭与社会没有任何关系。这显然很难让人信服。

美国俄勒冈州著名的韦佛（Weaver）一家存在犯罪的家族史，与其说是基因决定，还不如说是成长环境对暴力的耳濡目染所造成的。因此，几乎很少有人会否认后天的成长环境对个人的发展也有至关重要的作用。

然而，无论是先天的基因还是后天的环境，都属于宇宙里的要素。

---

[1] Tiihonen, J., Rautiainen, M.R., Ollila, H. et al., *Genetic background of extreme violent behavior*, Mol Psychiatry 20, 786–792 (2015).

如果我们把整个宇宙定格在某个时刻，用一台超级相机扫描并把所有信息录入到超级计算机中，超级计算机就可以计算出所有的原子位置、动能，整个宇宙在定格时刻的所有细节都将被呈现出来。当宇宙重新启动时，所有后续的状态都是被前一个状态决定的。因此，任何能够操控超级计算机的存在者，只要知道关于宇宙的所有物体的信息与支配它们的法则，就可以预知世界上所有的事件。

这个思想实验中的超级存在者被称为"拉普拉斯妖"。妖怪所揭示的是决定论。整个世界是由原子构成的，每个原子的运动由它所受的力决定，每个粒子都是被决定的，由粒子组成的世界也是被决定的。原子的信息、支配原子的所有物理法则都是已知的，那么未来的世界所有的事件也都可以根据已知的情况得以推知。人是由原子构成的，人的行为也是超出自己的控制的，因此，人所有的行为都是被决定的。

如果一切都是可以预知的，那么一切都是被确定的。

甚至，整个世界的时间发生序列都可以呈现出来，写成一本命运之书。

当你拿到这本书，一页页翻开，你会发现书籍中一点点记载着你的过去，正在你目瞪口呆之时，你翻到这一页写着你的翻书举动与诧异表情。这时你把书盖上，走进厕所缓和情绪，平静之后，你重新回去翻看，此时，震惊再次占据了你的大脑。刚才进厕所的情景如实记录在案。一个自认为改变了命运的人，或许只是他自己以为的"改变"，真实的情况则是"改变"本身也是被注定的。就像俄狄浦斯，注定了"杀父娶母"，父母为了摆脱预言里的命运，将俄狄浦斯抛弃在荒郊野外，奋力摆脱命运的巨轮。但预言的暴露也是俄狄浦斯悲剧命运的一环，在这一环扣一环的因果链条之中，人物最终还是落入了命运的圈套。

手掌纹不能决定命数，但生命之书能预见你的人生。如果"拉普拉斯妖"的设定是合理的，那么人显然不是自由的。

这一点，对基督徒来说，问题同样存在。一方面，上帝具有全知能力，每个人的所有行动都可以被预见；另一方面，被造物却同时被赋予了自由意志。

在没有自由意志的世界里，人还需要为自己的行为负责吗？

对古希腊人来说，答案是肯定的。俄狄浦斯杀父娶母，印证了预言以及自己的命运。他的母亲含恨自尽，俄狄浦斯则是通过刺瞎了自己的双眼，放逐自我，到处流浪，来惩罚自己，为自己赎罪。命运是被决定的，但俄狄浦斯仍然有罪，充满懊悔与无奈，仍旧需要为自己的行为负责。

设想这样的一个思想实验：如果张三的大脑被植入了芯片，芯片要求他执行刺杀总统的命令。如果张三自己愿意执行这个任务，那么芯片不会激活；如果张三抵抗这个命令，那么芯片会被激活，产生一个强制的意志驱动张三执行命令。很明显，张三并没有自由选择不执行任务。但是，如果芯片没有发生作用，那么张三就应该为刺杀总统事件负责。在命运巨轮的重压之下，或许就像希腊人一样，你不自由，但你要负责。

1.4 爱与喜欢：女巫故事引发的难题

一、大黑讲故事

大黑在刚刚进入小学教书时，给一年级的小朋友读过一本绘本，名字叫作《巫婆的孩子》。在我们的眼里，巫婆应该是很可怕的人，具有让人闻风丧胆的暗黑巫术，但故事中的三个孩子都很善良，也乐于助人。不过，他们经常好心办坏事：施展魔法帮人，却无法把变换的人恢复原形。于是，巫婆的孩子成了令人生畏的存在，人见人怕。故事里讲到小美的纸船被风吹到池中央，她焦急地哭了。巫婆的孩子为了帮她拿到纸船，就把小美变成了青蛙。于是，青蛙小美游过去取回小船。但是，巫婆的孩子却无法把小美变回原状，小美哭得更厉害了。

孩子将错就错，为了让小美恢复原状，把冰淇淋小姐变成了女王，把树林变成了王宫，然后再让女王亲了青蛙。青蛙变成了王子，是个男人。女生小美，在经历两次魔法之后，变成了王子。他们对性别的改变并不诧异，去过泰国的孩子也知道Ladyboy（贬称为"人妖"）的存在。话题很快转到"女王亲了青蛙"这个事情上。小美是女生，冰淇淋小姐也是女生，女生之间能够亲吻吗？

二、大黑小白对话录

小白：我去过澳大利亚，给一个外国姐姐拍照，那姐姐向我表达感谢，大大地亲了我一口。外国人亲亲，就像眨眼睛一样自然。

大黑：是啊。女生亲女生也很正常。班里的成成同学，他自己说亲过班里所有的男生，男生也可以喜欢男生。

小白：在我们这里大家觉得亲亲很怪，其实对外国人来说就像平时打招呼握握手一样。

大黑：有些国家有亲脸问候的习惯，欧洲某些地区以前打招呼还有嘴对嘴的方式，新冠病毒来了估计大家都不敢了吧。

小白：如果他们有N95口罩，隔着口罩亲也不是不可以呀。

大黑：贴面礼，不是每个人都要亲的。你不亲人家的脸颊也可以，就是没有那么喜欢嘛。

小白：喜欢很常见，我跟班级里很多人都合得来，就可以说是喜欢。

大黑：那是朋友之间的喜欢。

小白：我跟班里的女生合得来，经常在一起玩，其他同学就瞎起哄说，你们两个将来结婚吧。可是我觉得喜欢并不等于爱啊。

大黑：那你觉得什么才叫爱呢？

小白：爱是感情，喜欢是直觉。

大黑：喜欢不是一种感情吗？

小白：喜欢是表面上的感觉，就是一下子的那种感受。爱是感情，比喜欢的层次更深一些，爱是经过深思熟虑的结果。

大黑：可以说，爱比喜欢更深。

小白：喜欢是爱的阶梯。

大黑：你是说喜欢是一楼，爬上去二楼就是爱？

小白：爱的开始是喜欢，后面才成了爱。

大黑：就像一个热爱的事业，最开始都只是兴趣。

小白：喜欢是可以进化成爱的。

大黑：那爱能退化成喜欢吗？

小白：当然可以呀。绝交就退化成陌生人了。爱是很强烈、很大的感情。喜欢是不那么大，只是表面的结果。爱就是喜欢的更上一层。打个比方，喜欢是2，爱就是10。

大黑：喜欢是不及格，爱是满分吗？

小白：差不多。喜欢可以是随便说说，你第一次看到一个人可以说喜欢，但是不能直接说爱。

大黑：喜欢可能只是心之所动，而爱，是魂之所系，需深入探索。

小白：喜欢可乐，你看到了就随便买一瓶，平时看不见也可以不喝；爱，就是你一有钱就买，要囤起来，没有它不行。

大黑：你是可乐控吗？

小白：我是喜欢，但小乌同学是真爱，他每一餐都喝。

大黑：三餐都离不开。

小白：时时刻刻都离不开。比如你爱一个游戏，你每时每刻都离不开它，睡觉都梦到你打到宝物了。

大黑：爱，让人有很强的依赖性。

小白：就像古纳什小兔，喜欢的话，就是在意它。但是，爱是全天离不开，上学塞书包，吃饭也带着，睡觉也要抱着，而且，是在心目中最喜欢的，没有别的可以超过它。

大黑：爱具有不可替代性。

小白：喜欢是靠近，但是爱会黏着。在他面前就会不停地刷存在感，不停讨好他。

大黑：强烈地被吸引，无法自拔。

小白：嘴上的"爱"是很容易的，只是喜欢而已，真正的爱应该是无条件的，不顾危险的，只要你需要，他一定会帮助你、照顾你。比如，妈妈爱我就是这样的。

大黑：子女对他们而言尤其重要。

小白：爱就是爸爸妈妈对我们的感情，是埋在心里的感情，是不可分割的。但是，你刚刚认识一个人可以说喜欢，不能直接说爱，表白还是要考虑清楚的。

大黑：难道没有一见钟情的爱吗？

小白：一见钟情只能说喜欢，久一点，确认了，才能算爱。

大黑：小朋友或许区别不了真爱还是喜欢，会把喜欢当成爱。

小白：一年级的时候，我们同学，别人给点玩具，他就会说喜欢她了。

大黑：爱情有年龄上的门槛吗？

小白：起码要长大了才行。

大黑：有同学说，七年级就可以了。

小白：那还是早恋了呀。

大黑：反正，爱要建立在相互深度了解的基础上，要有足够的理智来理解与交流。

小白：对。我觉得一见钟情不太可能。主要因为爱还必须有接受和同意呀,你才看了他一面,就说爱,人家都吓跑了,怎么接受,怎么同意呢?但喜欢是不需要对方同意的。

大黑:你的意思是爱需要相互性,单恋不叫爱。

小白:大人也会因为对方长得漂亮或帅气而喜欢对方。

大黑:但爱不太可能是这样。

小白:爱是内在的。喜欢某人的优点和长处,但是它是会变的,所以喜欢是不持久的,而爱是不变的,无论你变成什么样,他都爱,这才是真的爱,不然只是喜欢。

大黑:外表不稳定,内心的东西则更为持久。那么,真正的爱必须是永久的吗?

小白:应该要吧。如果你今天爱小A,明天说爱小B,那能说是爱吗?

大黑:估计多半不是真的爱,而是暂时的喜欢或者随便说说。你说爱是大人的事情。大人也经常是朝三暮四的呀。

小白:那说明他还没长大!

三、主题解析

问题引导:爱与喜欢的差别是什么?爱一定要结婚吗?恋爱分早晚吗?什么时候的恋爱才不叫"早恋"?只有大人才能恋爱吗?动物也会有喜欢或爱的情感吗?

参考素材:牛郎织女的故事,谢尔·希尔弗斯坦的两本绘本:《爱心树》《失落的一角》。

爱是一种"上瘾"

对不少孩子来说，爱是有瘾的，是让人无法自已的。面对游戏与垃圾食品的诱惑，控制不住要多吃，类似于上瘾。碰到真爱，也是如此。俗话说，当人陷入爱河之时，往往深陷其中而无法上岸，因为爱是极其强烈的情感。如果喜欢是2分，那么爱就是"10分的情感"。当丘比特射中了人的心灵，人们会由此奋不顾身，为了所爱的人全身心地投入与付出。同学们未必能够理解爱情关系中的舍身之勇，但是类比父母对子女的爱，他们似乎找到了对标点。只有接近父母对子女的爱，才配得上真正的爱情。"只有无条件的、不顾危险的"才是真正的爱。柏拉图借斐卓之口说，"纵然是最懦弱的人也会受到爱神的鼓舞，变成一个英雄，做出最勇敢无畏的事情来"（柏拉图《会饮篇》）。看来，被爱神眷顾的人，足以抵抗自身的怯弱。然而，如果细心观察生活中的例子，那些声称陷入爱情之中的人，往往不是真正的"勇敢"，只是"嘴上说说"，"总想着要在对方面前刷存在感"，"让你想要一直黏着他"。

用美国哲学家罗伯特·诺齐克（Robert Nozick）的话说："爱的意图在于形成一种'我们'，在于把它认同为一种扩展了的自我，并在很大的程度上把自己的命运与它的命运连在一起。"对方成为你的扩展自我，你的奋不顾身的勇敢也由此得到一种解释。因为"我们"的命运也是"我"的命运，对方此时也不再是单一的一个外在于"我"的他者。就像孩子们说的爱需要"相互性"，没有对方同等的爱的意图，"我们"也无法得以形成。而同学们声称的"爱"，很可能是纯粹的单恋或爱慕，对此，并不是真正的爱，只是喜欢。你不能单方面宣布自己拥有了"爱情"，但喜欢可以是单方面的。

爱是大人的事情吗?

　　有些同学不太赞同"上瘾论"的观点,认为"喜欢是被动的,爱往往意味着主动选择与承担",是一种"深思熟虑的责任"。这种看法把爱的激情分量降低了,提高了理智上的分量。而理智是有年龄上的差别的。因此,有人认为爱是大人之间的事情,小孩之间的情感没有真正的爱。对他们来说,小孩并没有爱的能力。缺乏足够的理智能力,可能连爱本身都无法理解,也不能做出符合爱的行动。听到这种说法,有同学直接反驳,很多大人谈恋爱分手也很快,难道他们就具有承担的能力了吗?他们的恋爱关系也未必是经过深思熟虑之后的结果。更多人的反对点在于恋爱年龄的门槛。成年人的要求太高,可能七年级就可以了。从小学生的视角来理解,七年级的哥哥姐姐已经很大个了,看起来跟大人一样,似乎意味着有承担责任的能力。当然,对大多数中国家庭来说,初一学生的恋爱也仍然属于"早恋",而且青少年情愫的萌发更多受控于青春期剧烈的身心变化,初中生往往并不具备承担责任的能力。家庭是爱发生的地方,也是孩子思考爱的起点。很多孩子对爱的理解首先是亲情之爱,即父母对子女的爱;其次是父母双方的爱,即因爱而产生的婚姻关系。爱的实践面向内,他们看到的是责任。

　　然而,责任跟爱是同一的关系吗?在一些同学看来,爱与喜欢存在着本质差别,不是简单的程度问题。爱,并不只是情感,还涉及行动,而且是涉及未来的行动。喜欢就是在一起,开心就好,而爱则意味着对未来的打算,想要跟对方结婚生孩子,开启一段共同的生活。但是,这并不是共识,有同学直接反对:丁克家庭就一定不是真爱?还有同学提到,"电视剧里面有些人相爱了一辈子却一直没有结婚。也有人相爱,却因为女的不想生小孩而分开了,最后随便找个人结婚生小孩",按照这位同学的理解,爱跟结婚是可以分开的。责任,更多的是婚姻所带来的结果,爱本身并不必然蕴含着责任。

恰当地说,婚姻是大人的事情,但爱却并不是小孩的禁区。

事实上,在欧美国家,让幼儿园小朋友讨论爱的主题,这是很常见的事情。近十几年,随着儿童哲学在中国的普及与推广,幼儿园讨论各种哲学问题同样也不再是新闻。我的儿子在一年级的时候收到过同学的小纸条,上面写着"我爱你",这算是小朋友收到的第一封"表白信"。他给人家的回复是:"喜欢与爱是不同的。"他对爱似乎有自己的独立的看法,还认为同学是误解了爱的含义。在他看来,他们之间应该只是喜欢,而不是爱。学校里,相互投递纸条,表达彼此的情感,这都是稀松平常的事情。孩子们进入学校后,在与不同的人打交道的过程中建立了各种关系。根据自身有限的生活经验,他们践行对理想中的"爱"与"喜欢"的理解。而这种实践反馈回来会加深他们对爱的理解。

有一次,我跟六七年级的孩子讨论苏格拉底的问题:什么样的生活值得过?孩子们提到了生命、快乐、成就、亲情、学习等等,还有孩子说了爱情。他说,没有爱情的生活是不完满的。

这位同学的看法,你同意吗?

1.5 节日:圣诞老人存在吗?

一、大黑讲故事

　　上海的孩子,在圣诞来临之际,父母为他们精心准备了长袜,塞进心仪的礼物,挂在床脚。对他们而言,圣诞可能是比春节还隆重的节日。而在农村地区,圣诞的气息是如此地淡薄,像我这样沾满泥土的孩子,到了初中才真正知道圣诞节的存在。

　　有年冬天,我的小伙伴大鱼和我把单车推向了熟悉的小径,心怀期待地骑到县城里的教堂。听说那里,圣诞前夕有巧克力发放。然而,我们迟到了。灯火逐渐熄灭,教堂门关上了,留下的只是那个身穿军大衣、头上斜戴着一顶圣诞帽的保安。

　　直到多年后,我身处繁华的上海,每年圣诞前夕,总有学生围

着我,好奇地问:"圣诞老人存在吗?"我望着他们,想起了那个与大鱼顶着寒风骑车的冬夜。

  这时候,我会给他们讲一个真实的故事。1897年,也有一个如他们一般好奇的8岁美国小女孩。她怀揣相同的疑惑写信给《纽约太阳报》。记者回应她说:"我们的知识在宇宙中可能微不足道,但像爱与诚实一样,圣诞老人是真实的。这个世界上最美、最宝贵的,往往是眼睛看不见的。它们存在于信仰、想象与爱情之中。"[1]

  对于你而言,你真的相信圣诞老人存在吗?为什么?

---

[1] https://www.nysun.com/article/yes-virginia-there-is-a-santa-claus(访问于2023年9月15日)。

二、大黑小白对话录

大黑：最近，你妹妹特别喜欢《大卫，不可以》，你今天给她念了吗？

小白：念了《大卫，圣诞节到啦！》，过几天就是圣诞节了。妹妹也想收到礼物，整天喊着要礼物。

大黑：你相信圣诞老人吗？

小白：小时候很信！平安夜站在窗台前等麋鹿雪橇，但总是熬不到圣诞老人的到来，就呼呼大睡了。

大黑：你都没见过，你怎么相信呢？

小白：见过的东西也未必属实。

大黑：是的。眼见未必为实，耳听也未必是虚。

小白：对呀。有些事物就是见不到摸不着的。

大黑：圣诞老人呢？

小白：对孩子来说，他更像是信仰，信就在，不信就不在。

大黑：信则灵，不信就不灵。这确实是稳赚不赔的信念，思想家帕斯卡曾经提到过上帝存在的理由，被称为"帕斯卡之赌"，换成圣诞老人版本就是：相信圣诞老人存在——假如不存在，我没有损失；假如存在，那我挣得礼物；不相信圣诞老人存在——假如不存在，我没有损失；假如存在，那么我得不到礼物。这是个简单的计算题，你会选择相信吗？

小白：相信是稳挣不赔的，但你也得真心相信。假如你是计算后选择相信的，这算不算真心相信呢？

大黑：你很犀利啊，小白。就像你最信赖的朋友跟你说，你真的是我最好的朋友，因为把你当成最好的朋友能够得到很多照顾和优待，真庆幸能够做你最好的朋友。你肯定不会认为这个人是真朋友。

小白：涉嫌对圣诞老人的"信仰欺诈"。

大黑：哈哈。你很会生造词语啊。

小白：还可能涉嫌自我欺骗，相信一个未经证实的东西是有智力上的代价的，别人会认为你很傻。

大黑：大人信圣诞老人有点傻，小朋友不信显得太老成了，缺了点天真。应该说，无论是神话传说，还是信仰，对小信众来说，他们未必会计算，只是想当然地相信，这么美好的事情没有理由不相信。

小白：我也不能说不信，但没有像小时候那样笃定。不可否认，他有存在的可能性。过些天就是圣诞节了，妹妹很想看圣诞老人，我也可以带她继续观察。

大黑：相信童话，喜欢神话故事，符合孩子天真的本性。对于外在世界，小孩子并没有一种成人式的武断。真相没有被限定，世界的可能性处于打开状态。

小白：大人有时候很讨厌。更讨厌的是大人的说教和威胁：不乖，圣诞老人就不给你礼物了。凭什么调皮就没有礼物呢？不是人人平等吗？每个孩子都不一样，有些调皮一点，怎么就没有同等获得礼物的待遇呢？

大黑：利用圣诞老人来骗小孩确实比否认圣诞老人存在更可恶。

小白：这个逻辑跟吓唬小孩一样——再调皮，狼就要来吃掉你了。

大黑：无法区分真实与虚构是小孩的特点。大人的虚构往往包含控制话术，是一种规训，但是，这确实很反儿童，有些孩子被吓到晚上睡不着，以为圣诞老人真的不给他礼物了，就像大卫那样。

小白：大人应该还圣诞老人一个清白，不能老是把自己那点想法强加给圣诞老人。

大黑：哈哈，是啊，这需要用心营造的，大人有时确实搞笑。前几天有位同学跟我说，她小时候的圣诞礼物很多次是快递员送来的，连外包装都没拆。

小白：前段时间，我们也讨论了这个话题，很多同学都认为圣诞老人要是存在的话，必须有特殊秘技，比如，飞行术，他骑着麋鹿到处飞。

大黑：炼金术。每年都在发礼物，从来不用工作。

小白：对，还有穿墙术。很多人家里并没有烟囱，估计他只能穿墙了。

大黑：还有，长生不死术。大胡子圣诞爷爷从古至今年年来，年年都是他。

小白：圣诞老人有可能一代代传下来，他也可以有很多子孙帮他。我觉得，还需要分身术，他不可能一夜之间把所有孩子的礼物都发放完毕。

大黑：最后，还有读心术。知道你们每个小孩的想法。小朋友们听说圣诞老人会在平安夜到来，实现他们的愿望，睡觉的时候就特别安心，心里特别安静。

三、主题解析

> 问题引导：圣诞老人真的存在吗？他住在哪里？有女的圣诞老人吗？圣诞老人是如何在一夜之间给全世界的孩子送礼物的？圣诞老人是怎样进入没有烟囱的家庭的？圣诞老人如何知道每个孩子想要什么礼物？圣诞老人的衣服为什么是红色的？圣诞老人一年中的其他时间都在做什么？圣诞老人有多少个助手帮助他制作和包装礼物？圣诞老人买那么多礼物，钱从哪里来？调皮的人，圣诞会得到煤球吗？
>
> 参考素材：《大卫，圣诞节到啦！》（大卫·香农 著）、红鼻子驯鹿鲁道夫的传说、耶稣诞生的故事、芬兰圣诞老人村。

《纽约太阳报》记者给小女孩的回信据说是美国新闻史上最著名的社论之一，而记者弗兰西斯·恰奇（Francis Church）由于富有"想象力与同情心"，成了保卫儿童信仰的英雄。与此形成鲜明对比的是，在美国的新泽西州，据说有一位老师因告诉学生圣诞老人是假的这一"事实"而被学校解聘了。对着一年级的小朋友，这位教师还揭穿了其他美国传统节日中的神话人物，包括复活节兔子、牙仙子和书架上的小精灵。很多课堂里的孩子不愿意接受这些"赤裸裸"的真相，部分学生甚至哭泣着跑出教室。

一个问题，两件事情，两种结局，说"真话"的人丢了工作，而"撒谎"的人被称颂。问题可能不在于真假之争，圣诞老人的真相可能并不重要。孩子是充满幻想、天真烂漫的，想象是他们的超能力，而幻想游戏则是他们的生活方式。他们随时可以变成各种生物，上天入地，穿越时空。通过幻想游戏，孩子们的想象力、思考力与语言能力都可以得到提升，而孩子之间的交流、沟通以及合作也随之得到锻炼。各种各样的神话、传说以及大大小小的故事，正是孩子们幻想游戏的素材。这些东西组成了他们的世界，在幻想世界里，真假是微不足道的。而正因如此，那位老师才被视为不称职，他破坏了孩子们的想象生态，粗糙地践踏了孩子们的幻想世界。与此相反，那位记者的社论之所以深入人心，就是因为他珍视孩子们的童年与幻想。

不过，对幻想故事的喜爱，并不会导致孩子的真假甄别能力的削弱。很多孩子实际上能够清楚有效地区分虚构与真实。在我的哲学课上，小朋友们讨论了圣诞老人的存在问题，有接近九成的孩子倾向于相信圣诞老人不存在。这其实就消除了很多家长的担忧。像《纽约太阳报》的那位记者那样，对孩子隐瞒真相，并不会造成孩子的认知混乱。孩子们能够清楚地区分游戏内与游戏外，能区别幻想与现实。

学校里学生时不时会问我："真的有孙悟空吗？圣诞老人存在吗？"对这类问题，我不会简单地回答"是"与"否"。相反，我会反问学生，他们自己的看法是怎样的，他用以支持自己的观点的论据又是什么。当学生开始思考这个问题的时候，他们就已经跳出幻想游戏的情节了，开始以第三人称的视角来论证一个故事形象存在的可能性了。后来，我就把他们的疑问作为课堂讨论话题，也即：圣诞老人存在吗？

圣诞老人之赌：相信圣诞老人存在有赚头

在三四年级的学生中，相信圣诞老人存在的人大概占总人数的

10%。他们之所以相信圣诞老人存在，有一个重要的理由：存在着一些无法解释的事情。这类事情大体跟他们拿到的礼物有关系。根据他们的经验，礼物不可能是父母提供的。这无法解释的礼物，就被归因于圣诞老人：把不可能性归因为圣诞老人的可能性。

有些学生认为，圣诞老人是存在的，因为百科全书上对圣诞老人是有记载的；还有学生认为，相信圣诞老人存在是一种信仰。信则有，不信则无。基于这个想法，有人认为，信是一桩好买卖，不信是亏的。他的想法是这样的，分两种情况：

A．相信圣诞老人存在。假如不存在，我没有损失；假如存在，那我挣得礼物；

B．不相信圣诞老人存在。假如不存在，我没有损失；假如存在，那么我得不到礼物；

综上所述，我应该相信圣诞老人存在。

这个想法跟著名的"帕斯卡之赌"是类似的。帕斯卡说："让我们权衡一下赌上帝存在的得失吧。让我们估价这两种情况：假如你赢了，你就赢得了一切；假如你输了，你却一无所失。因此，你就不必迟疑去赌上帝存在吧。"选择相信上帝存在，那么你有可能获得永恒的生命，也可能一无所得；选择不相信上帝存在，那么无论上帝存在与否，你都将一无所得。虽然这两者概率相当，但考虑到信上帝可能带来的无限好处与永恒的生命时，我们就应该义无反顾地选择相信，把赌注下在"上帝存在"这一选项。在这里，上帝或圣诞老人存在与否似乎成了一个实践问题。然而，圣诞老人究竟存在还是不存在？

"他的存在,违反了所有已知的科学定律"

大部分同学认为圣诞老人是不存在的。从父母的言语中,有些同学发现了问题,"圣诞老人是假的,爸妈经常跟我们说,要乖,不乖圣诞老人就不给我们礼物,这话说得好像圣诞老人是听从他们的一样,听从爸妈的话,才能得到圣诞礼物,那圣诞老人肯定是假的"。

这相当于告诉孩子,家长就是圣诞老人。很多家长估计也没有多少精力去维持孩子关于圣诞老人的信念,比如很多孩子在圣诞礼物上发现了快递标签,也有孩子从快递员手里接过来圣诞礼物,还有孩子在妈妈的床头发现了他特意要给圣诞老人的梨。

不过,真正让孩子确信圣诞老人不存在的,却是"科学定律"。在课堂上,有个小组用了反证法来证明圣诞老人不存在。假设圣诞老人存在,那么他必须具备如下超能力:

1. 读心术。知道我们每个小孩的想法;
2. 分身术。一夜之间得分完礼物;
3. 长生不死术。大胡子爷爷从古至今每年都来,年年都是他;
4. 炼金术。每年都在发礼物,必须有很多金子,但是从来不工作;
5. 飞行术。骑着麋鹿到处飞;
6. 穿墙术。很多人家里并没有烟囱,必须穿墙了;
7. 拥有魔术口袋。口袋必须得装得下全世界的礼物。

而这七项技能都是违反科学定律的,因此,圣诞老人不可能存在。

针对以上七条,也有人反对。反对者认为,圣诞老人有可能一代代传下来,他可以有很多子孙帮他。而且地球是有时差的,所以应该是有两天两夜才对,时间是够的。不过,很快有同学指出其中的逻辑不合理。假如圣诞老人是一代代传下来的,那么应该有圣诞小人呀。圣诞老人自己不会生小孩,那么应该有圣诞老婆婆,但是从来没人见过,也没有听说过圣诞老婆婆与圣诞小人呀。所以,从论证力度来看,大部分人还是选择相信圣诞老人不存在。

不存在圣诞老人,存在圣诞行动

在几番论辩之后,有学生认为,圣诞老人可能跟我们想象的有所不同。也就是说,他不是那个洞悉人心,一天之内,骑着会飞的麋鹿,爬烟囱给所有小孩送礼物的老头。在很多小朋友那里,他是我们每一个送出礼物的爸爸妈妈、爷爷奶奶和亲人朋友。他存在于每个人的心里,不只给孩子带来礼物,也给孩子带来快乐,他是人们的爱心的代名词。听到这类言论,有学生就此评论,那个叫作"圣诞行为",不是"圣诞老人"。

虽然"圣诞老人"大概是不存在的,但是"圣诞行为"是人人都可以做的。

1.6 虔诚与信仰：人为什么要拜神？

一、大黑讲故事

我家的院子后面有一大块丘陵地，上面种着各家的瓜果蔬菜。番茄、番薯、木薯、青菜、橙子以及荔枝，不时还有鸽子前来偷吃果子。我上小学二年级的时候，推土机开进来了，铲平了丘陵的中间位置，四周高出的地方，荔枝树依然生长着。据说村里要在这里建菜市场，然而不到一个月就停工了。停工那天，我看到挖土机停在黄土堆旁边，土堆旁斜插着几块斑驳破裂的大木板，确切地说，是棺材板。棺材板里的尸骨无人认领。村里的告示贴出了很久，最终，由隔壁村的神婆接走。尸骨被放在庙里，和其他被遗忘的尸骨堆在一起。挖土机开走后，空地杂草丛生，也种不了庄稼，于是，

大人们开始在这里晒萝卜干,晒谷子,而小朋友们则在这里放牛、踢球和捉迷藏。碰到农忙时,这里晒满了谷子,小朋友们都没地方玩,不留神就把粮食打散一地。

"早死仔!你们这些吃饱撑死的早死仔,别被我抓到!抓到了一定打断你的腿!"

我跟大头每次都跑得很快,从来没有被打断腿。

但有一次,大头的腿断了,他从荔枝树上重重地摔了下来。大头躺在家里跟我说,他摔倒是因为他不敬地在荔枝园的土地公身上撒了尿。三个月后,大头的腿好了,每次经过土地公时他都拉着我跪下来拜一拜。

每次拜的时候,我心里都会产生困惑:土地公真的存在吗?大头真的尿到他身上了吗?土地公会因此生气吗?

二、大黑小白对话录

小白：大黑，你拜神吗？

大黑：拜！在潮汕人那里，拜神很兴盛的。巷头巷尾，大叔大妈都会到处打听，哪里的神更灵，他们就往哪里钻。我的邻居阿姨特别虔诚，凌晨1点骑车去拜神！据说，赶得早，更灵验。我呢？耳濡目染，大人说什么，我也照做。

小白：有些人说他们亲眼见到过神，看见过不科学的事情，书里也有人写到过这种事情。在他们眼里，神创造了这个世界，是生命的根源，拥有神力，操纵万物。但我觉得这不可信，只是传说而已。

大黑：是的，我也曾经信过，宁可信其有，不可信其无嘛。信有很多好处，信了，若神真的存在，你不就心想事成了吗？不信，但若神存在，你就少了一个快速实现自己愿望的途径，那你就亏大了。后来，看了书里有人说，这是迷信，不是真的，很多传言看过神迹的人，后来也被证明是谣言误传。现在，我就不拜了。

小白：要是神真存在的话，你确实是亏了。

大黑：但是神要是不存在的话，我不就傻了吗？那么不合理的事情，你当真了，这不也是赔了吗？

小白：有道理。就成笨蛋了嘛！

大黑：小时候信神，主要还不是因为计算，而是被恐吓了。大人跟我说，不信神，得罪神，会有报应。记得有一次，我不小心踩死了蜘蛛，邻居大叔跟我说，蜘蛛神几天后会来收我的命。吓得我好几天睡不着。

小白：你太胆小了，要我是你，我才不怕呢。

大黑：了不起啊，小白！我被他吓着的时候就是你这么大，上小学三年级。

小白：我看科学书，可不容易被骗。

大黑：知识就是力量，你厉害。

小白：要是神想要报复人，那么不就是个小气神吗？为什么要拜一个小气神呢？

大黑：神也有好的。很多地方都有关帝庙，进门就有牌匾，大字四个——有求必应。关公，可能是民间善男信女拜得最多的神。关二帝，讲义气，能帮的尽量帮忙。

小白：《三国演义》里面说，关公被描述成神了。但是，历史上的关公不可能真的灵吧？

大黑：我也清楚。善男信女，祈求神帮助自己实现美好的愿望。有些人就是要神给他自己想要的东西，更多的利益，比如更多钱、长生不老、考试满分！乡里人说，请神帮忙，实现了就得还神，回馈神。

小白：就像小叔求人办事，办好了要送人家烟抽。

大黑：哈哈，是这个道理。在乡下，人们也常常说，张阿姨会拜神，李四不会拜神。其实，究竟怎么样才叫作会拜神，我也是一头雾水。记得我母亲为我高考祈福的时候，曾经向神许诺过，要是我考上大学，他们就会去献祭几头猪。

小白：你这样说，好像是人在跟神做生意一样。帮你办事，事成之后，领取报酬。

大黑：是有点问题。人跟人做交易没问题，人跟神做生意？

小白：这听起来有点好笑。

大黑：是啊。说得好像神缺什么东西似的，得从人那里得到点"好处"。神法力无边，怎么还需要人来崇拜呢？！

小白：我觉得那可能是大家乱编的。

大黑：古代的皇帝也都挺迷信的，他们也想拥有神一样的力量，还认为自己是神在人间的法定继承人，搞出很多神秘仪式，给民众灌输很多迷信思想，还强迫大家必须信。现在还有一些国家是政教合一的。

小白：宗教信仰怎么能强迫呢？强迫了也不是真的信呀！

大黑：在古代西方，不信神的、怀疑神的科学家以及哲学家都可能被当作异端处置了。苏格拉底被雅典人判了死刑，罪名之一就是不信神。不是神处死了苏格拉底，而是雅典人以神的名义处死了苏格拉底。

小白：我说不信神，不会有人打我吧？

大黑：很多人都是无神论者，你也就不怕被当成异端了。当然，现在很多人拜神，不是害怕被打，只是图个心理安慰。坏人做了坏事怕遭报应，好人祈祷坏事不要发生在自己身上。

小白：古人看到打雷闪电，吓到屁滚尿流，以为是神发怒了。

大黑：古代人对自然现象与灾害天气缺乏认知，他们的世界观属于前现代的，只能根据自己的认知水平来解释世界，而在他们的观念里，世界就是神主宰的，是由神秘力量控制的。

小白：无论好人还是坏人，都有拜神的，好像每个人都怕神。

大黑：随着科学的发展，神秘力量变得不再神秘，人们还会因为恐惧而拜神吗？当然，人对自然的探索越广，发现的领域越多，未解之谜也越多。当理性和科学无法解释的时候，人们选择用信仰来填补那片未知，这也许就是宗教和神学得以延续的原因。

三、主题解析

> 问题引导：土地公、黄大仙、蜘蛛神存在吗？关公真的会显灵吗？神一定灵验吗？神怎么知道你在想什么？神都是好的吗？有没有坏恶神？神说的都是对的吗？人为什么要拜神？神惩罚不信他的人，神还是好神吗？神会生气吗？
>
> 参考素材：《西游记》（吴承恩 著）、神话故事《嫦娥奔月》、《欧悌甫戎篇》。

公元前399年，苏格拉底被雅典人治罪，罪名为"不信神"与"蛊惑青年"。在公民大会上，他坦然应对，有理有节，但彼时的雅典民主已不具有审慎品质，颠倒是非，黑白不分。雅典人奉上毒酒，苏格拉底魂归理想国。在《柏拉图对话集》里，《裴洞篇》记录了苏格拉底的最后时刻，而《欧悌甫戎篇》则是苏格拉底之死四联章的序。在《欧悌甫戎篇》中，苏格拉底与欧悌甫戎讨论了神令论问题：神的意志决定了对错的标准，还是对错具有独立的标准？如果神的意志是随意的，那么由此产生的标准是否值得人们遵从？如果对错有自身独立的标准，那么信神的理由又何在？

神令论话题开启的是理性对信仰审问的传统，这一传统有别于基督教一脉的"启示传统"。古人遵从于传统，雅典人信奉城邦神，信是前提，如何信才是有争议的。苏格拉底被指控"不信神"，但是他却自认为是最虔诚之人。在《苏格拉底的申辩篇》中,他认为城邦里最大的善事就是执行神的命令,而苏格拉底自己追求真理、做哲学正是出于神的旨意。苏格拉底对欧悌甫戎的追问,实质为尼采"上帝之死"的先声。当人开始用理性思考信仰的可欲性时,上帝的神圣性就消失了。

为什么要信仰上帝?苏格拉底挑战了当时普遍的信仰观念,追求一个更加理性的道德基础。而帕斯卡,面对人生的不确定性,提出了他著名的赌注。根据计算,信上帝所带来的个人效益是最大的,因此,信上帝是低成本高回报的事情。

这一回报,在西方人那里,是来世;在中国人这里,则可能是现实。通过乡村里的老妪口口相传,乡土信仰的正当性奠基于现世的"有求必应"上,拜神的首要合法性在于它的灵验,擅长拜神的人,则最能接收到灵验的效果。就像《游绪弗伦》里所展示的那样,虔诚,乃是擅长跟神做生意的能力。擅长给神送礼的人,获得的是神的奖赏。

游绪弗伦,雅典人中最有宗教智慧的人,最通神明的人,当然不接受这个解释。神怎么可能是个生意人?这不拉低了他的位格,跟人一样了吗?那么我们还有什么崇拜他的理由?神的庇护,不在于崇拜者的虔诚之心,而在于神爱人如己。神劝人从善,也疾恶如仇。神,更多的是道德的保障。

帕斯卡的赌注提供了信仰的实用价值,但是当我们深入思考道德的本质时,康德的观点显得更为深刻。他认为,自由、不朽和对上帝的信仰,是道德行为的基础和保障。实践理性必须包含三大预设:1.人是自由的;2.灵魂是不朽的;3.上帝是存在的。

因为自由，所以你有能力决定自己的行动并为之负责；因为灵魂不朽，所以你必须考虑行动的可能后果；因为上帝的公正，才能保证最后的公平：好人配得良善一生；坏人获得应有惩罚。

信神，是向善的逻辑。即使是康德，也不得不承认，有些时候坏人也可能获得幸福。做个道德的人是否值得？现实的逻辑并不能保障善有善报，恶有恶报。而上帝的存在，是道德王国的秩序与合法性的保障。

然而，真正拜神的决定，应当基于神真实存在于这浩渺的宇宙中，而不是那些瞬息的愿景。对于无神论者，拜神的理由并不仅仅限于今生或一个可能虚构的来世，而更在于一个无法回避的真相：神的存在性需有事实为证。

1.7 鬼神的证明：鬼存不存在？

一、大黑讲故事

当大黑老师还是小孩的时候，在广东沿海的潮汕地区生活，民间有拜嫦娥、拜月亮的习俗。月亮象征着嫦娥，村民们都虔诚地把家里最好的贡品拿出来祭拜。差不多等到午夜，结束祭拜的时候，大人才开始吃水果、月饼。而小朋友们呢？等不到午夜12点，基本上就已经困得睡着了。

在小学三年级的那次中秋节，我在家里跟小伙伴们一起玩，指着月亮说这是嫦娥。奶奶拍了一下我的手，制止了我。"不能指月亮！"奶奶说。不敬神，会受到惩罚，月神会派小鬼上门割耳朵的。我并不以为意，跑出家门，用手指朝天上点了几下。第二天起来的时候，我摸了摸耳朵，耳朵还在！但是仔细摸，却发现耳朵旁多了一条疤……

这是什么时候出现的？难道是小鬼割的吗？这件事困扰了我很久……

二、大黑小白对话录

大黑：你认为鬼存不存在？

小白：有些人认为没有鬼，有些人认为存在鬼。否认鬼存在的人认为，眼见为实，没看到过的东西，怎么能说存在呢？但是，很多传闻又揭示出，鬼可能是存在的。

大黑：我自己没见过鬼，但别人可能见过呀！

小白：这两种观点，我都反对。首先，很多关于鬼的传闻实际上是未经证实的。有的人只是道听途说，有的人把已有的故事添油加醋。其次，在网络上流传的视频，大部分也是经过加工改造的，并不是实录所得。即使有的视频是实拍，他们也没法证明拍到的东西就是鬼本身。

大黑：那你是认为鬼不存在吗？

小白：要么支持，要么反对？我两边都不站队，难道不行吗？

大黑：未经证实的东西，可以不置可否。听起来你很中立啊！

小白：也不是。我倾向于认为，鬼存不存在这个命题可能是没有意义的。

大黑：为什么？

小白：你觉得鬼的定义是什么？白雪公主是格林童话里的人物形象，但是，白雪公主存不存在？我认为是不存在的。或者说，她只存在于小朋友的想象世界里。想象的世界存在吗？（不说善意的谎言，当然是不存在的。）

大黑：我想，小白，你说的是空概念。比如说，白雪公主这类对象：有内涵，但没有外延，在客观世界里找不到对应的对象。不过,我们一说到白雪公主,都能想到她的长相、身高、肤色等特征。那么,鬼属于跟白雪公主一样的空概念吗?

小白:我觉得鬼甚至不算一个清晰的概念,比空概念还模糊。鬼有什么特质?轻飘飘的像一缕青烟?那些声称自己见到过鬼的人,看到的到底是什么东西?

大黑:我们如果谈论鬼的样子,是不是有"鬼是可见的"这一前提?鬼能否通过感知被察觉到?鬼能否用显微镜观测到?很多恐怖电影以特效的方式制造出了鬼的影像,但这只是给观众以视觉的感官呈现出来的需要。

小白:有关鬼的传言,大部分应该都是假的,许多灵异事件最后都被证明是假的。包括我们经常听到的一些故事,比如埃及金字塔法老陵墓里探险队员的离奇死亡事件。那些事只是巧合而已。

大黑:在大部分情况下,鬼只是人们幻想、杜撰出来的东西。以前的人缺乏科学素养,当他们见到神秘的、无法解释的现象以及科学解释不了的东西,就归于"见鬼"。所以,鬼,并不指称特定的对象,而是一类得不到解释的现象,及其相关的东西。比如,我们说那些东西"有鬼",就是这个意思。假如我们把这类未得到解释的灵异现象与杜撰传说排除掉,那么鬼最有可能是什么样的呢?

小白:我觉得,一个东西要能够真正称得上是鬼,应该是不可见的。不可见的东西,不一定不存在,因为这个世界上有很多看不见,摸不着,却能被科学证明的确存在的东西,比如万有引力,以及地球的磁场。

大黑:是啊,但是鬼似乎也不是万有引力这类对象。万有引力发生在两个有质量的对象之间,地球的磁场也可以被定位在地球周围,但是鬼在哪里生活呢?

小白:鬼会在地球上飘来飘去吗?有的人说,只有特殊的"通灵者"才能看得见他们,我是不相信的。假如鬼可以被所谓的"通灵者"看到的话,他们是会看到周围到处都飘着鬼吗?如果鬼能被"通灵者"看到,那么它必定是有某种意义上的形态的。那么这种奇怪的,无法用人间标准衡量的形态是什么样的?鬼会有重量或者体积吗?

大黑:关于鬼是否有重量,其实有人尝试过测量。1907年,美国麻省的邓肯·麦克杜格尔医生打造了一个特别而封闭的装置,让濒临死亡的人躺入其中。对比其死亡前后的体重变化,最后发现病人在死后体重立即减少了21克。

小白:每个人都减少21克啊,人有性别差异,肥瘦高低,所有灵魂都是21克吗?没有分量重一点的?一个灵魂21克,从人类诞生以来算起,死去的人的灵魂加起来也有好多,灵魂挤压会不会带来环境拥挤呢?

大黑:后来这个实验被证明是不成立的。要去证实鬼魂存在,靠科学实验似乎是不可行的。因为我们面对的并不是存在于自然界的对象,可能是跟我们外在世界完全没有交合点的对象。不过,对于这类对象,我们在哲学上也可以做实验,叫作思想实验。设想,一个针尖上可以站多少个天使?这就是一个思想实验,托马斯·阿奎那思想实验。

小白:天使不占有任何空间,那么针尖上就可以站无数个天使。要是天使不存在于针尖所在的空间,它就不能站在针尖上,一个针尖要么不能站天使,要么站立无数个天使。

大黑：天使不占有任何空间，那么它又如何站立在针尖上呢？
小白：确实。这真的太难了。

三、主题解析

> **问题引导**：世界上有多少种鬼？中元节与万圣节的鬼有什么不一样？鬼真的能吓人吗？鬼会饿吗？鬼吃什么？鬼会变老吗？鬼和神有区别吗？鬼有自己的国家吗？鬼分男人和女人吗？鬼是好的还是坏的？鬼有怎样的性格？
>
> **参考素材**：灵魂21克实验、中元节的传统习俗（烧纸钱、施食、放水灯、挂灯笼……）、万圣节（trick-or-treat、南瓜灯、装扮各种角色）。

"鬼"存在吗？这个鬼问题，是小学生眼里的"三大未解之谜"之首，其余两个则是关于外星人和圣诞老人的。

鬼，很神秘。它出现在许多传说和神话故事中，并且在人们的口耳相传中得以流传。没有人能确证鬼的存在，也没人能够彻底否定它。许多无法解释的灵异现象经常被归咎为鬼的作为。有人把鬼理解为灵魂从死亡到投胎之前这一特殊时期的存在形态，是灵魂某些时刻的特定称谓。人活着的时候，灵魂依附于肉体中，也许它存在于大脑之中。当人去世后，灵魂离开了身体，并因此被称为鬼。鬼是否存在的问题实际上变成了：人仅仅是一个物质存在，还是一个由灵魂和身体组成的生命体？难道鬼能脱离人体存在于外在的客观世界中吗？

古今中外有很多关于鬼的传说。西方的"万圣节",中国的"中元节",都是以"鬼"为主题的节日。不同文化,不同民族,在这些特定的节日里,都有不同的习俗。文化传统就这样通过日常的节日渗透在个体的经验以及记忆当中。在这样的节日里,鬼的实存性往往会成为大家的焦点话题。

这时,就轮到孩子们来担任关于鬼的研究工作了。对于灵魂,小学生中存在两种相对立的看法。

第一种看法是,人身体的死亡就意味着生命的结束,死后的差别只是埋葬的不同方式而已。简而言之,这种看法认为世界上并不存在"鬼"之类的灵魂。那么,随着呼吸的消失,人生的真正意义似乎也随之逝去。从生物学意义上讲,人死后无法在这个世界上留下任何真正永久的痕迹,死者生前对世界造成的任何影响,最终也会在千百年之后湮灭于自然之中。

第二种看法认为,身体只是人的一种存在形式。像毛毛虫一样,毛毛虫消失了,变成了蝴蝶,在这个过程中,毛毛虫并不是真的死了,而是换了一种存在方式。在这个比喻中,蝴蝶代表着人的灵魂,即使人的肉体死亡,它仍继续存在。假如灵魂能够不依赖于肉体而独立存在,或是在肉体消逝后以某种形式继续存留,那么生前的事迹似乎还有可能以某种方式保存下来。但假设灵魂真的存在,也会带来其他问题——我们可以感知和观察身体的各种属性,但灵魂的本质又是如何?

在孩子们中,支持鬼存在的一方,往往会从直接或间接的经验见闻来论证这个主张的合理性。在他们看来,各种各样的灵异事件以及"见鬼"的报告,似乎都可以佐证鬼的存在。然而,依据个人见闻的经验证据的可信度是非常低的。持"世界上没有鬼"这一观点的小朋友，可能会提出以下质疑：声称"看到"鬼的人，是如何确认鬼的身份的？他有可能排除幻觉或其他未知因素的干扰吗？没有直接"撞见"鬼的人，凭什么相信那些间接的描述？

持反对观点的人大多是唯物论者，他们认为，除了能被直接或间接观察到的物体外，其他非物质实体并不真实存在。而鬼在概念上分析就不属于物质实体，既然如此，那么自然没有相信的理由。当然，他们更多时候只是悬置"鬼"存在的判断，而不是直接否认鬼存在这一可能性。

这时，我们可以来看看先哲们的一些观点。小学生口中"鬼"与"灵魂"的问题，在哲学家这里实际上是"身心问题"。

伊壁鸠鲁认为，人只是具有感知力的存在者，肉体死亡意味着感知消失。死亡，既不好也不坏，只是个体不复存在而已。因此，他认为，我们不用害怕死亡。

另一个不害怕死亡的是柏拉图笔下的苏格拉底，他在狱中多次拒绝徒弟提供的逃生机会，最终选择服从法律的判决，喝下毒酒，告别了雅典城邦。不过，苏格拉底相信灵魂不朽。他认为，在肉体死亡之后，人将以另一种方式在另一个世界继续存在。对他来说，死亡只不过是换一种方式继续"活着"。

自近代以来，科学从哲学大厦中脱离出去，枝繁叶茂，遍地开花。现在的哲学家很少会直接忽视科学界的成果与共识，接受反科学的信念。哲学追求确定的、不变的知识。神秘主义则是非理性的，它们诉诸神秘经验、神话传说以及宗教经典的记载，把鬼一类的存在物描述为难以形容、不可理解、人类无法直接看到与接近的事物。这理所当然地就跟科学的可检测、可重复原则相矛盾了。

显然，科学并不研究鬼魂，更恰当地说，科学关注的是脑神经与心理，并不直接"观测"灵魂。但历史上有很多疯狂的科学家做过很多疯狂的实验，也有人直接测量灵魂的重量，测量结果是，灵魂有重量。他们对灵魂做称重测试——把濒临死亡的人关进密闭的装置里，观察个体死亡时的质量变化，最终发现，死亡前后的质量差异为21克。由此推知，灵魂的重量是21克。事后证明，21克乃是误差所致，实验失败了。

罗素说过一个段子："What is mind? No matter. What is matter? Never mind." 一语双关。灵魂不是物质，物质没有灵魂，两者互不相干。灵魂与身体的关系，吸引了无数哲人乘兴而来，空手而归。

日常生活里的 **哲学**

2.1 虚实：甜甜圈的洞存在吗？

一、大黑讲故事

有一天，我在学校里走来走去，撞到一个小朋友，他一看到我，就抓着我问：大黑！甜甜圈中间的洞洞存在吗？

这可难倒我了。假如存在，那么我们可以吃掉这个洞吗？把甜甜圈掰开两半，洞还存在吗？移动甜甜圈时，里面这个洞是不是也跟着移动了？洞是甜甜圈的一部分吗？吃掉甜甜圈，你把洞洞也吃了吗？你能否只吃洞洞，不吃甜甜圈？

二、大黑小白对话录

大黑：甜甜圈里的洞存在吗？

小白：存在呀。它是由一长条粗粗的面团围起来的一个面包圈。

大黑：里面是空的呀。

小白：对呀。洞可以大也可以小，但如果被填满了，就不再是空心的了，也就不是洞了。实心的东西中间是不会有洞的。就像夹心饼干中间被夹心填满了，就不能说夹心饼干是空心的了。

大黑：如果你现在去买个甜甜圈，放在手里，洞可能被空气填满！

小白：这个应该不算。它毕竟是气体。

大黑：那液体呢？掉进水里，水充满洞，空气则被水替代，甜甜圈还有洞吗？

小白：只要甜甜圈没有被破坏，应该还是有的。固体填了，应该就不行了。

大黑：被埋进小区的沙坑里，沙子填充了洞呢？

小白：洞如果被沙子给填满，拿起甜甜圈时，沙子掉下来了，那么，洞依然存在。如果沙子直接在里面卡住了粘住了，那么这个洞就不存在了。

大黑：甜甜圈的洞里可以填空气、水、沙子，洞里面并不是什么东西都没有。

小白：能不能这样说，洞跟洞里的东西是可以分开的，就像房间里的人跟房间的关系一样。把甜甜圈放到火星，没有了空气，洞还是存在的。所以，填什么东西并不影响它的存在。

大黑：如果用湿面粉填塞洞，重新烘烤出炉，洞还存在吗？

小白：那就是一个饼了。洞不存在了。

大黑：填充物跟甜甜圈要连为一体且封闭。如果填充物跟甜甜圈没有连接，那么洞依然存在；甜甜圈中间的空缺没有被彻底封闭，那么洞也存在。

小白：海底的鱼在岩洞里来回穿梭，虽然有水填充洞口，但水跟岩石并没有粘连，所以洞还存在。

大黑：是的。如果没有洞，甜甜圈就不是甜甜圈了，就变成大饼了。填充的东西尤其不能和甜甜圈里的材质一样。洞不能被同一种东西填塞了。

小白：如果这个洞被同一种东西填满了，那洞就真的消失了。

大黑：同一种东西是什么意思呢？语文课本和数学课本都是课本，白糖和黑糖都是糖，动物和植物都是生物。

小白：跟甜甜圈同一种材质的面团。

大黑：有些甜甜圈的外层裹了巧克力，如果中间的洞用巧克力填起来，它还是巧克力甜甜圈吗？

小白：不是。

大黑：巧克力和做甜甜圈的面团是同一种东西吗？

小白：应该不是吧。

大黑：所以，被其他东西填充也可能把洞"消灭"掉，对吧？

小白：总之，甜甜圈中间的洞是必须有的，它对于甜甜圈来说至关重要。就像地球没有海洋就不是地球了，因为它缺少了需要的东西。

大黑："地球"这个概念一定要包含海洋吗？如果地球上的大洋全部变成一个个小湖泊，地球难道就不是地球了吗？

小白：对，地球不一定要海洋，但是甜甜圈必须有圈，没有"圈"，就只剩下"甜甜"。

大黑：甜甜饼。

小白：对。

大黑：那土星上一定要有土吗？木星上也没有木头，火星上肯定也没有火呀。

小白：如果有一个大厨在做甜甜圈的时候失手了，做出了一个馒头形状的不明物体，在中间用针戳一个洞，那是甜甜圈吗？

大黑：能说他原本是想要做甜甜圈的，那就是甜甜圈。

小白：那还要看消费者认不认了。

大黑：如果生产者、消费者都认，馒头戳个孔能叫作"甜甜圈"吗？

小白：如果你想要做的是甜甜圈，但是做出来中间的洞特别小，那也算是甜甜圈。如果你想要做的是馒头，但是中间扎了一个洞，那就不算是甜甜圈了。原来要做一个水杯，结果做得像花瓶，那个东西到底是什么呢？

大黑：所以，面包师的主观意图其实也是无关的。他想做甜甜圈，失败了，做出了个馒头，那就不是甜甜圈了。

小白：对。洞是甜甜圈的必要组成部分，没有洞的话就不是甜甜圈了。把甜甜圈吃掉之后，尽管你没有吃掉洞，但是这个洞是附在甜甜圈上的，所以洞就没了，消失了。这两个东西是有关的，有甜甜圈就有洞，没有洞就没有甜甜圈。

大黑：甜甜圈的洞不是甜甜圈的一部分，就像水杯里的凹槽不是水杯的一部分。

小白：好像是这个意思。

大黑：水杯里倒进各种各样的东西，水杯的容量变小了吗？

小白：没有。无论是倒水，还是倒饮料，水杯还是原来的水杯。水杯的凹槽还是那个凹槽。

大黑：但是，如果我们把一些不属于甜甜圈的东西塞进洞里，放点巧克力、糖果、坚果、奶油，总之是好吃的。放进烤箱里烤一下，洞是变小了吗？

小白：变小或者变形了，都是一种变化。无论如何变化，洞还是那个洞。

大黑：一个洞被填满了还是洞，只要有东西围着它就算是洞。比如说海底山洞被岩石围绕，但是里面有水、植物、动物这些，我们依然认为这是一个洞，所以一个洞被填满之后还是洞。

小白：那我衣服上曾经破过洞，现在补好了，我的衣服上还有洞？

大黑：应该说，衣服上没有破口了，但是衣服上破开的洞还是存在的。就像甜甜圈中间被巧克力、面粉填充烘烤过了一样，吃掉了中间的填充物，洞还是那个洞。而我们吃掉甜甜圈的时候，其实洞并没有被吃掉，而是甜甜圈上的面团被吃掉了，洞所依存的条件就消失了。

小白：你只能吃掉甜甜圈，吃不了洞本身。如果吃掉的话，那么洞就是真实存在的东西。你怎么能吃掉"没有"呢？

大黑："洞"本身究竟是什么呢？

小白：实际上，甜甜圈的洞不存在。它是圈出来的，不是真的存在，就是虚空。它本身不可见，不可摸，也吃不到。如果你吃掉了甜甜圈的话，这个洞还是在那里。洞是在有甜甜圈的情况下的一个状态，虽然在没有甜甜圈的情况下它本身仍然存在，但是你不能对一个没有甜甜圈的洞做任何事情。或者说就算你做了，这个洞也无法给你肉眼看得见的反馈。洞只是我们对甜甜圈中间的空缺的称呼，它一直存在。只是只有在甜甜圈存在时，它才会有一个形态。但是它也让甜甜圈成了甜甜圈，因此这个洞是甜甜圈的必要部分。

大黑：你的意思是，洞不是什么东西，洞里填充什么就是什么？洞里有水，它就是水；洞里有空气，它就是空气；洞里什么都没有，它就是空的。

小白：就像房子一样，中间也是空的。

大黑：房子的空很重要，我们使用的就是它的空，而不是房子的墙；甜甜圈不是，我们吃的是圈，而不是洞。

小白：好像是。

三、主题解析

> 问题引导：如果没有甜甜圈的洞，甜甜圈还是甜甜圈吗？甜甜圈的洞是空的，那么空的东西可以存在吗？你能给出其他"空"的例子吗？世界上有没有完全空的东西？如果有，这些东西存在的意义是什么？如果一个东西被拿走了一部分，它还是原来的东西吗？如果把甜甜圈切掉一块，它还是甜甜圈吗？甜甜圈的洞是甜甜圈的一部分，还是甜甜圈缺失的一部分？如果没有人看到或想到甜甜圈

的洞，它还存在吗？

参考素材：BBC纪录片《宇宙的奇迹》、《皇帝的新衣》（安徒生 著）、数字"0"、黑洞、肥皂泡的空间。

洞是什么？洞是空的吗？不是。有孩子说，洞是空气！更恰当地说，洞里面有空气。当甜甜圈掉进水里，空气则被水替代；埋进沙坑里，沙子则填充了洞。洞里可以有空气，有水，有沙子，洞里面并不是什么东西都没有。洞与其内部的东西似乎是可以区分的，就如同房间与房间里的人之间的关系。把甜甜圈放到火星，没有了空气，洞还是存在的。那么，用湿面粉填塞洞，重新烘烤出炉，洞还存在吗？"它是一个饼"，有孩子回答。洞不存在了。"它被同一种东西填塞了！"

实质上，洞的存在取决于洞周边的东西，没有洞口的实体边界，洞似乎就不存在了。

有孩子可能会反对，他们认为洞是某个具体的空间位置。当甜甜圈在某个位置时，洞就是甜甜圈所在的位置上的空间。那么，当甜甜圈移动时，洞所指的具体的空间位置却是不变的。但是，甜甜圈的"洞"内在于甜甜圈之中，事实上两者是不可分离的。更合理的说法也许是，洞所在的位置是一个相对空间概念，因此，有孩子认为，洞是跟着甜甜圈的，甜甜圈到哪里，洞就去哪里。这样的话，如果张三一口吞掉一个甜甜圈，那么"洞"也跟着进了肚子里。难道"洞"被张三吃掉了吗？很明显，张三只能吃甜甜圈的"圈"，却吃不了"洞"。有孩子回复："洞"是无法感知的。实际上，它的存在正是通过它的"不可感知性"而得到的。他进一步解释,你看得见甜甜圈四周,但是你看不见它中间有任何东西,视线就这样穿过去了。实际上,正是甜甜圈本身的可见性与不可穿透性凸显了"洞"的不可见性与透明性。

就甜甜圈本身来说,"洞"对它而言是不可或缺的,但它是以空缺的方式而存在的。

孩子说:"洞本身的意思,就是没有东西","由一条粗面条围成一个封闭的圈"。如果没有封闭,出现空缺,"洞"就无法形成。如果甜甜圈被撕成两半,那么"洞"就消失。假如你要破坏这个"洞",要么堵上,要么破坏甜甜圈本身。但你不可以破坏"洞"本身。"洞"原本是虚空的,我们吃掉的正是组成"洞"的实物。应该说,"洞"原本就不存在,是空的,通过实体才凸显出来。或者说,"洞"的存在与一般物品的存在有明显的差别。一般物品通过它本身的属性来显示它的存在,但是"洞"本身并没有直接的属性使得它自己得以显示。因此,当我们思考一个物品是不是原来的物品时,同一性问题或许是问题之一,但对于"洞"来说,并没有同一性问题。我们不能问,这个甜甜圈的"洞"是不是变了?而是应该反过来问,这个甜甜圈是不是变了?只有甜甜圈的圈具有变化的潜能,而"洞"本身没有。

实际上,"洞"是否存在,在哲学界也有过激烈的争论。大体来说,孩子们的立场接近反实在论。反实在论认为,它不是一个实存的对象,我们只是在语言层面上来使用它。恰当地说,当我们讨论"洞"时,我们只不过是在讨论形成"洞"的边界的东西。甜甜圈本来可以是一块饼,但是中间穿了个洞,就成了一个"圈"。实际上这只是语言的使用习惯,而不是真的存在一个洞。然而,实在论者可不这么认为。他们觉得，"洞"虽然不是一个实在的"东西"，但也是抽象的"东西"，属于抽象实体。抽象实体，不同于一般的物质性实体可以直接或间接通过工具观察到。例如，在几何学中，"角"也是这样一个抽象实体，它是由两条实线交会而形成的半封闭空间。我们不能说"角"不存在，但"角"的存在又不同于实线的存在。类似的，"洞"也属于抽象实体。

或许，"洞"的存在与否并不是争议的焦点，重点在于"洞"是何种意义上的存在。当然，对孩子们来说，甜甜圈中间有没有洞其实也没那么重要，重要的是甜甜圈的"圈"够甜够好吃。

2.2 善恶：人性本善还是人性本恶？

一、大黑讲故事

在那饱经岁月的中山大学本部东区篮球场上，我与一名美国青年不期而遇。当时，我喘息之间，汗珠混杂着时光的沙尘。这名美国青年略显瘦弱，抱着一本英文书，封面写着"THE TRUE"。他主动递给我一瓶水，于是，我们坐下聊天。

他自称是摩门教的信徒，这个教派崇尚节制与自我修炼，如苦行僧一般对待生活。他手中的"圣经"对他而言，是生命的指南。当我提及其中的矛盾，他为之辩护，坚称它载有不变的真理。最后，他问了我一个问题，是否敢将一天的所有思绪公之于众？这让我想起了刚上大学时的一个哲学问题：人性，是本善还是本恶？

　　在柏拉图的《理想国》中有这样一个故事。古各斯，一个牧羊人，每天如同前一日，忠诚于他的工作和羊群。但某天，暴风雨和随之而来的深渊改变了他的命运。在渊底，他找到了一枚具有隐形魔力的戒指。这枚戒指使他有了改变命运的力量，他从一个单纯的小羊倌变成了拥有力量的人，与此同时，他的性情也发生了翻天覆地的变化。

　　那么，你呢？如果拥有这样一枚戒指，你会选择怎么做？

二、大黑小白对话录

小白：大黑，我有个问题，戴上戒指只是隐去身体，还是连同衣着也隐了？人的气味能隐去吗？比如，我家里的小黑猫，它闻到气味就知道我来了。

大黑：应该是全部隐去，包括热量也消失了，让热感器都侦察不到。

小白：衣服跟着一起隐身的话，那么我接触到的任何东西是不是都会隐去？我踩在地球上，地球也跟着我一起消失吗？

大黑：那要看什么叫作接触了。

小白：衣服也不是全部都跟身体接触，即便是内衣也有接触不到皮肤的部分。那接触不到的岂不是显示出来了？

大黑：哈哈，对。

小白：衣服也有宽松的，有时贴着，有时分离，难道隐身的时候衣服也会时隐时现？那这隐身戒指可真是伪劣产品了。

大黑：哈哈，我们先不考虑这里可能存在的漏洞。隐身戒指的意思，就是让周边的生物以及任何工具都无法侦察到你的存在。你会用这枚戒指来做什么？

小白：我很讨厌小区里的某个人，他总是骂我，有这个隐形戒指，我就可以小小地惩罚他一下。我也想去外面逛逛，偷偷溜出上海，乘坐飞机，环游世界。

大黑：我也想用戒指吃几顿霸王餐。

小白：戒指本身是个很好玩的玩具。

大黑：有了戒指，我们就是真正的魔术师了。

小白：严格来说，这不是魔术，都成魔法了！

大黑：哦，对。魔术是让人以为不见了，使用了障眼法，利用人的视觉盲点。真正消失不见的，就是魔法了。

小白：我还想研究看看这个隐形戒指为何有这样的魔力，它的发生机制是怎么样的，然后研发更多的戒指出来。

大黑：一旦解开魔戒的原理，以科学的方式回答隐身之谜，它似乎就不叫魔法了。你的研究，让它去魔化了，成为真正的技术。小白，你很有科学家精神嘛！

小白：其实，可以返回巨人那里，调查那里究竟发生了什么事情。

大黑：看得出来你有探险家气质！你难道不想做点坏事吗？

小白：额……我想一想。也许可以当间谍，窃取敌国的国家机密。

大黑：你刚才所说的这些基本上都不是什么大坏事。

小白：我还可以去偷爸爸房间里的糖，偷偷拿ipad玩一会游戏，被抓到的话，隐身就好了，爸爸也拿我没办法。

大黑：利用特殊能力，逃脱爸妈管束。

小白：假如存在时光机器的话，我想穿越去"二战"发生之前，把希特勒囚禁起来，让他没法发动战争。

大黑：假如存在灭霸的话，我还想去拿他的手套呢！

小白：或者就是当一个超级英雄隐形侠。

大黑：你真是品性纯良的人，你没有想过干点什么坏事吗？

小白：真的没有。

大黑：我小时候经常幻想拥有超能力，把班级里经常霸凌小王的明福同学来一顿暴揍，或者跑银行里把钱拿走，或者让电玩室里的机器不用投币也可以一直玩下去……那位摩门教徒说我是罪恶的，是有点没道理了。

小白：胡思乱想我也会的，有时候更坏的念头都有，但是这并不能证明自己就是邪恶的。

大黑：是啊，头脑里一闪而过的邪念跟真正的罪恶差别可大了。人在真正窘迫陷入绝境的时候，也有坚持底线不干坏事的。

小白：人一旦拿到隐形戒指，一定会干坏事，一干可能就是天大的坏事了，毕竟坏念头有了实现途径。但是，隐形戒指也不是干坏事逃脱惩罚的唯一路径。没有戒指，真正想干坏事也是干得成的。

大黑：相比之下，有了隐形戒指，坏人要干坏事就"安心"多了。你知道古希腊的故事吗？牧羊人古各斯得到了一枚隐形戒指，后来他用它杀了国王，娶了皇后，篡夺了王位。古各斯之戒的故事引发了大量的讨论，也产生了久远的影响。风靡全球的《魔戒》同样探讨了权力与道德的关系。当魔戒赋予了个体无法驾驭的魔力，佩戴魔戒的人还能坚守道德的要求吗？或者说，人性本来就是恶的，魔戒只是打开了禁锢邪恶的枷锁，把任何外在于个人的限制，比如道德规范、公序良俗、法律规定，悉数取消。

小白：有些人这么干不代表每个人都会跟着做呀。我认为人的天性不是坏的。人应该就是一块白板，并没有所谓的善恶。接受良好的教育，自律自然就可以养成，也不需要依赖外在的惩罚规训来让自己遵纪守法。

大黑：绝对的权力产生绝对的腐败，戒指给了人无限制的至高权力，戴上戒指的人就有机会肆无忌惮地干坏事。

小白：历史上也有一些帝王是开明君主，他们的权力不也是不受限制的吗？

大黑：有道理，但严格来说，对他们而言，也仍然有所畏惧，怕史官，怕来世，怕先王，怕神明。

小白：那这样说，人性善恶还不能一概而论，有些人性善，有些人性恶？

大黑：有可能。有研究发现，相比普通人，有些犯罪行为有家族传递现象，因此，有人认为，在这些人的遗传信息中存在着容易犯罪的"基因"。

小白：《雾都孤儿》里面那个小孩，在恶劣的环境中长大，却仍然保持天使一般的善良，他的本性可能就是善的。

大黑：有可能。

三、主题解析

问题引导：人天生是善良的还是邪恶的？你能举个例子吗？天生善良是指出生之前就被决定了的本性吗？如果一个人天性是固定的，那么他可能从坏变成好的，或者从好的变成坏的吗？如果可以，那么这是否意味着天性是可以变化的？人为何要做对别人有利的事情？自私等于邪恶吗？

参考素材：《理想国》（柏拉图 著）、《雾都孤儿》（查尔斯·狄更斯 著）、孟子的性善论、荀子的性恶论、囚徒困境、霍布斯的"自然状态"设想。

人性的本质是什么？本性是善的，还是恶的？在我的哲学课上，有近七成的学生表示，如果他们得到了那枚戒指，可能会做一些坏事。而这些"坏事"大多是恶作剧，"做坏事，更好玩，觉得酷"，"干坏事还可以欺负人，很开心"，而成为所谓"大坏蛋"，"让所有人都听我的"，也是满足儿童自身的幻想需求以及享受角色扮演的乐趣。在这七成学生中，真正相信性恶论的并不多。那么，持有"性恶论"的孩子给出的理由是什么呢？

有些人认为，求生是人的本能，自私是人的本性，为了生存，干任何事情都是可以理解的，甚至是正当的。而且，人也是"冲动的，容易失控的"，容易愤怒，也会嫉妒与仇恨，一旦控制不了，就容易干坏事。不只如此，人还是"贪心的，有很多欲望，有野心"，甚至"想成为世界霸主"，而这个世界"诱惑也很多"，有了不受限制的权力，自然就释放了内心的恶，很容易控制不住就干坏事了。

同学们列举的理由，跟中国古代思想家荀子的思想相似。荀子说："今人之性，生而有好利焉……生而有疾恶焉……生而有耳目之欲，有好声色焉……然则从人之性，顺人之情，必出于争夺，合于犯分乱理而归于暴。"大意是，人天生贪图私利，容易嫉妒与仇恨，爱好声色，有七情六欲，如果放纵自己的本性，顺从人的情欲，就容易发生争端与冲突，违背伦理与律法而使得社会分崩离析。

然而，这种看法与其说是人性恶，不如说是人性本私。首先，从生物学意义上讲，人首先是动物。动物如何行动，那么，在尚未开化，进入文明洗礼之前，人就如何行动。通过自然的演化，哪种品性适合生存，人便生出哪种秉性。因此，有人认为，荀子的人性本恶论，实质上，是指人性本私。

在相关的道德理论中，人性本私，是一种被称为"利己主义"的观点。一般而言，利己主义可以区分为两种：心理的利己主义与伦理的利己主义。前者认为，人不可摆脱自身利己的本性。即便是做慈善等利他行为，从本质上讲，也是利己的。后者认为，人应该以利己为行动目标，以自身的利益最大化作为行为准则，而且每个人都应该如此行动。人性本私的理论，对应的是心理的利己主义，而不是伦理的。因为，伦理的利己主义认为，人"应该"利己，而不是"事实上"必然利己。

在古各斯之戒的案例中，良民与坏蛋戴上戒指，所干的事情都是一样坏，那么说明，那些干好事的人实际上也是伪君子。他们只是害怕惩罚而不做损人利己的事情，只要不被发现，不被惩罚，那么，他们也可以坏事做尽，恶事做绝。从这个角度看，平时那些好人好事，无非就是通向利己的手段而已，德行并不是人们的目的，而是实现最大利己的手段。就像同学说的，"干好事，只是为了表扬"，"让人知道，让别人记在心里"，想得更远一点，"善有善报"，为了更大的好处，我们选择干好事。

然而，人类的所有行为说到底都是利己的吗？

救助流浪猫狗，对溺水者施以援手，这些行为都是利他的。虽然有人能够从助人中获得快乐，但助人的快乐并不是助人的全部目的。张三看见落水的小孩，衣服还没脱就跳下去了。在他的意图中，拯救生命是第一位的，有时候甚至来不及想自己的安危。按照心理利己主义的逻辑，张三想到不救助他，心里很难受，于是，为了避免见死不救所可能引发的痛苦,他纵身跳下,把人救起来,不图回报。

显然,这种解释是有悖常理的。很多人其实并不接受人性本私的观点,相反,他们认为人的本性是善的,人是有良知的。

人性本善的观念在《三字经》中得到强烈的呈现:"人之初,性本善;性相近,习相远。"这段文字指出,人们天生都有善良的本性,尽管每个人的天性相似,但受后天的教育环境和成长背景影响,习性可能会呈现出巨大的差异。同学们对此有深刻的感受,他们认为:"人会倾向于干好事,因为人之初性本善,好人之所以会干坏事,是因为环境不好。干坏事的人会心虚。""干好事,良心会很舒服",而干坏事,心里会难受。

孟子作为古代中国的重要思想家,也是性善论的坚定支持者。孟子提出,人们天生就具有四端:恻隐之心、羞恶之心、辞让之心、是非之心。这四端与人的四肢一样基本,缺少任何一个都意味着存在缺陷。如果身体上的缺陷可以依靠医学得到治疗,那么在人格上缺失四端,就意味着"良心"之丧失,从伦理上看,他将不再完全被视为"人"。

BBC拍摄的纪录片《北鼻异想世界》似乎印证了孟子的性善论。在影片中,心理学家邀请了9名12个月以内的婴儿参与一场道德意识的测试。让幼儿观摩极简的木偶剧,剧中"人物"有助人的"黄色三角形"、妨碍人的"蓝色四方形",还有正在爬山的"红色圆形"。在木偶剧结束后,9名婴儿不约而同地选择助人的三角形作为自己的玩偶。如果不同玩偶所代表的是善恶,其所执行的是好的行动与坏的行动,那么按照实验所揭示的,婴儿不只能够区分善恶行为，还对善意行动有明确的偏好。于是，有人认为，婴儿在尚未接受道德教育时，便具有了善恶意识与是非观念。这个说法似乎支持了性善论。就像纪录片所说的，除了本能之外，或许在很早的时候，婴儿就习得了是非观念。

  事实上，胎儿在尚未出生时已经开始接受外界的信息了。感觉系统在逐渐发育的过程中，已经或多或少地在感受与倾听了。

  英国的经验主义哲学家约翰·洛克认为，没有什么先天的知识，人的心灵不过是一块白板，画上去什么，人就成为什么。人没有先天知识，人性当然也没有善恶之分。

  成长环境的优劣、受教育条件的好坏决定了个人的道德状况的好坏。不论在西方还是东方，都强调道德教育的重要性。如果人性本恶，那么就要修身齐家以达成对恶的抑制；如果人性本善，那么我们应该强化本性，拒绝受到外界的污染，善始善终。

2.3 真假：善意的谎言与伤人的真话，你选择哪一种？

一、大黑讲故事

在我读高中的时候，有一次，邻居家的4岁小弟弟拿着一幅画跑来我们家，很开心地向我展示他的第一幅蜡笔画。其实就是乱画一通，但小朋友很兴奋，毕竟是第一次画画，特别有成就感。拿在手里的这幅画，我实在难以称其为"画作"，我心里真的很纠结。他看着我的眼神是在请求一种肯定，但我又不好意思说假话欺骗他。

要是你的话，对着小男孩，你会说伤人的真话，还是善意的谎言？

二、大黑小白对话录

大黑：小白，你是一个诚实的人吗？

小白：肯定咯。只是有时候，我会说点无关紧要的假话。爸爸问作业做完了没，我说还有一点点，其实还有很多。

大黑：你这是贪玩，总是把作业拖到最后一刻再去做，然后撒谎来应付爸爸。

小白：有时候也不一定是撒谎，就是错误估计了。

大黑：这是愿望性信念。宁愿相信自己的作业只剩下一点点，让自己安心继续看书。也可能是自我欺骗。

小白：有点这个意思。但是，自己骗自己怎么可能呢？

大黑：小时候，我偷爸妈的钱去买玩具小人，被发现了，死不承认，还转移矛盾，让他们去盘问弟弟妹妹。

小白：最后怎么样了？

大黑：被妈妈狠狠教训了。其实，那一次不止干了一件坏事。除了欺骗，还有偷窃，为了不让自己受罚，还陷害弟弟妹妹。数罪并罚，一顿暴打。不管是为了牟取利益还是逃避责任，这都是不对的。

小白：这毕竟是恶意的谎言，不过，也存在善意的谎言。

大黑：大人有时候也可能因为礼貌而对着衣着难看的同事说出善意的谎言。

小白：你不想让小男孩难过，就没有说出真实的话。不过，说真话，不一定会让他哭。说真话，他可能伤心，但他会知道自己的不足，会更加努力，取得更好的成就。善意的谎言可能会导致他盲目自大，骄傲自满，画得更不好。就算说了谎言，他也会征询其他人的看法，并不是每个人都会说善意的谎言，到时候他照样会受伤。他也会知道你说了假话，对他的打击也就更大了。

大黑：我觉得，第一次画画，给他一点信心很重要，这样他不会有太大的心理阴影。

小白：善意的谎言的伤害，对比真话的伤害，也许不一定更大。比如，老师有一个音读错了，如果你不去纠正他，是不是会教错全班同学？

大黑：有道理。现在不说真话，他没有改，有可能他会受到更大的伤害，没有自知之明，在自己没有优势的方向上继续做无用功。

小白：但是，你也不能拿十几岁的标准，去要求一个四五岁的孩子。他没有我摔倒了就站起来的勇气，说伤人的真话，他可能就不再画画了。

大黑：你的意思是对小孩与对大人的标准要有所不同？说伤人的真话，没有关注小孩的心理特征，比较粗暴，缺乏同情与同理之心，也是一种不良示范。

小白：我反对说谎只是为了打发他，避免他哭。因为那样做是不尊重小孩的表现，并没有让他听到该听的话。另一个例子，我的外婆炒菜很难吃，你一直说很好吃很好吃。当下是开心的，可是外婆就一直炒菜不进步。那么是不是有一天当她发现这个真相的时候，会更不开心呢？如果她炒菜不进步，我就要一直吃很不好吃的饭了，这也不好。最重要的，我这样做，实际上就把外婆当成三岁小孩了，把她看扁了，认为她不可能接受有益的建议了。

大黑：是的，关键还是要看你外婆能否听取真实的建议。即便外婆听了真相，也未必就能进步。如果外婆没有改变的可能，那么最终你只能适应外婆的做菜方式。

小白：帮助别人改进，自己也会快乐。如果外婆愿意听取意见并做出改进，她会从中找到乐趣，我也可以吃到更美味的饭菜。

大黑：所以，你的预判里包含了快乐的计算。外婆的快乐要考虑，你自己的也要考虑。可能还得考虑爸爸妈妈，他们也会吃到外婆的饭菜。

小白：是的。撒谎，还是讲真话，不能只计算外婆的，要计算所有和这件事情相关的人。

大黑：所谓的善意，都是撒谎人的主观判断，别人又不知道他的意图真假，而且很多时候是借口。

小白：不一定。对病重患者隐瞒病情，是医生和家属常见的做法。病患可能因为乐观的估计而病情好转，这是善意的谎言。

大黑：重病患者因为善意的谎言，病情变轻了，这是根据个别例子事后得出的结论。很可能，病人因为你隐瞒了病情而选择了不治疗，导致病情恶化，很可能病人因为你隐瞒了病情而无法做临终的安排，反而抱憾终生。这些难道不应该考虑吗？

小白：善意的谎言不一定有美丽的结果。

大黑：有人说，你不知道的事情永远不会伤害你。从逻辑上讲，存在着永远不会被发现的谎言。不知道的事情在事实上就不会造成对当事人的伤害。

小白：就像黑客贪玩，偷偷地转走你银行卡里的一分钱，隔了一年，又偷偷地转回来。整个过程神不知鬼不觉，你也几乎没有损失,也不会知情,那么黑客的行为就几乎没有造成伤害。

大黑:没有实质伤害不代表没有侵犯发生。如果有人在大街上偷拍路人甲,那么甲的肖像权被侵犯了,即便是路人甲的照片没有曝光。回到刚才的例子,如果完全剥夺了病人的知情权和选择权,让病人在谎言中度过余生,那么,所谓善意的谎言就是让他永远不知道真相。然而,病人有权利根据自身真实的病情来规划自己剩下的生活,善意的谎言则让当事人失去了这一契机。

小白:要是我是那个病人,我一定要知道真相,不想死得不明不白。

三、主题解析

> 问题引导:什么叫作谎言?假话一定是谎言吗?诚实总是最好的选择吗?是否存在对所有人都好的谎言?如果说真话会造成伤害,我们还应该说真话吗?是否存在某种情况,说谎才是我们应该做的事情?目的可以证明手段的合理性吗?
>
> 参考素材:寓言故事《狼来了》、BBC纪录片《北鼻异想世界》、匹诺曹的故事、《夏洛的网》(E.B. 怀特 著)、《了不起的盖茨比》(F. 斯科特·菲茨杰拉德 著)。

孩子两岁左右就开始撒谎了。心理学家理查德·怀斯曼(Richard Wiseman)曾经做过这样一个实验,实验对象是3—5岁的孩子。把孩子们带入实验房间里,并告诉他们背后放着玩具这一事实,大人离开房间并提醒他们不能偷看。当大人回来后,询问被试者是否偷看了。实验表明，3岁的孩子有一半撒谎了，而5岁的都撒了谎。当孩子开始撒谎时，你可能会惊讶甚至生气。但是，你更应该感到开心，这说明他的大脑发育可能进入更高级的阶段了。因为只有智力发展到一定水平，孩子才有撒谎的能力。

科学家发现，不仅人类会撒谎，自然界中的"骗子"也随处可见。很多动物擅长伪装，是"欺骗"的高手。为了更好地生存，蜥蜴进化出了保护色，用以"欺骗"天敌，躲过猎杀；有些雄性墨鱼，在求偶过程遭遇对手时，会伪装成雌性放松对手的戒备，增加自己赢得交配的概率；黑猩猩在遭遇劲敌时，甚至会假装受伤来博取同情。

严格来说，动物世界里的伪装和"欺骗"与人类的欺骗行为存在本质差异。动物的"伪装"是基于进化的结果，是为了更好地生存而发展出来的技能，更接近于本能。当人类意图说谎时，他对真相是有明确认知的。撒谎是有意识地误导或表达出自己不相信的信息，以达到欺骗他人的目的。因此，欺骗行为必须是刻意的带有明确意图的行为。而动物是否具有意图，这是有争议的。同样的，我们对动物不会有道德要求，但对人，则不同。诚实是每个人的道德义务，不撒谎是一项道德要求，古今中外，几乎没有哪一种道德学说是反对诚实的。但是，在日常生活中，撒谎却是很常见的现象。据说，每个人每天至少要说1—2个谎言。这符合事实吗？你只需要通过观察自己一天的生活即可验证真假。我们无法容忍恶意的欺骗，但有时候，也得说一些善意的谎言。

在哲学史上，德国哲学家康德明确反对善意的谎言，认为任何情况下的撒谎都是不应该的。几乎所有研究哲学的人都知道康德，他的理论深奥且影响深远，是道德哲学中的主要流派。研究道德问题的人可能都会问这样一个问题：世界各地文化差异如此巨大，是否存在对所有人都普遍有效的道德准则？康德肯定地认为，除了抽象的道德律令，也存在具体的普适性道德规则。比如撒谎，就是不道德的，因为撒谎者把撒谎对象当成了工具，将之视为比自己差等的人。他被蒙在鼓里，并没有被当成尊重的对象，他的人格因此遭到贬损，按照康德的话说，没有被当成"目的自身"。

有人反对康德。他们认为，在某些情况下，谎言是必要的，甚至是救人的要求。反对者举例说，有人慌张地从你身旁跑过，几分钟后，准备刺杀这名逃亡者的杀手站在你面前，询问目标去向时，难道你应该说实话并指出前者的去向吗？但康德认为应该说真话。他的理由是：结果无法预料。因为说假话之后你也可能弄巧成拙，本来那个人向东逃，临时折返向西而你没看到，这样就把对方害死了。这种说法很多人不买账。康德认为，道德的行动是"要只按照同时也能成为普遍规律的准则去行动"。当你撒谎的时候，你必须想象所有人都如此撒谎。一旦所有人都这么做，那么撒谎就是不可能的。我知道你要对我撒谎，那我一定选择不信。撒谎是不能被普遍化成为道德准则的行动，因此，它在道德上就是错误的。

当然，你也可以不接受康德的说法，把撒谎当成一次例外，允许诸如善意的谎言之类的行为，这样一来，你就不太可能是个道义论者。以下这个例子也许可以检测你的道德倾向。

设想，在一个未来的世界，地球的一部分地区被一种名为"泛星病毒"的疾病侵袭。这种病毒不会直接造成致命的伤害，但会导致某些感染者在未来10年内出现随机的生理和心理症状。研究人员已经发现了这种病毒，但是全球的大多数国家尚未被泛星病毒影响。世界卫生组织（WHO）的一组专家得知，一旦消息被泄露，可能会导致全球恐慌。因为病毒的潜伏期和症状的随机性，人们可能会过度恐惧，产生巨大的社会和经济冲击，例如大规模的恐慌性购物、跨国人员流动限制、股市暴跌等。

政府首脑面临选择：或公开病毒，可能导致全球恐慌；或暂时隐瞒，秘密研发疫苗。如果你是坚定地站在公开信息的一端，那么你无疑就是道义论者了。如果你选择后者，那你则更可能是后果主义者。从后果主义的角度看，选择第二种方案，即对公众撒谎，可能是更为理性的。因为这样可以暂时保持社会的稳定，避免经济和心理上的巨大冲击，同时给予研究人员时间研发疫苗。但这也带来了道德上的困境，即公众有权知情与为了更大的社会利益选择隐瞒之间的权衡。

后果主义认为，行为的正当性仅取决于它所带来的后果。换句话说，能够带来最好的结果的行动，那就是你应该去做的。什么是好的结果？英国的功利主义哲学家穆勒认为，好的结果就是幸福，幸福则是获得快乐以及无痛苦。而这个结果的计算，则应该包括社会整体成员的效益总量最好，而不是某些个体，更不是某个个体的最好。对于后果主义来说，善意的谎言和伤人的真话，哪个更值得做，并没有什么原则性问题，关键在于哪个结果更优。

对于这个案例，有同学认为伤人的真话是批评，而善意的谎言是鼓励。是批评让人变好，还是鼓励让人变好？有同学认为，批评可以帮助对方成长，让对方认识到自己可以改进的地方，或者意识到自己不擅长的领域，以后少走弯路。也有同学反对："如果说伤人的真话,那个人就会非常伤心,以后会变得自卑。"相比之下,鼓励才会让人变好,才有动力继续努力,所以要说鼓励性的善意的谎言。但是,一味地鼓励会不会让人骄傲呢?如果会,那么这种行为就是在害对方。这也是同学们的顾虑之一。还有同学指出,这要取决于对方能否接受。当然需要具体问题具体分析。要考虑对方的个性特点,再给出相应的回应。如何选择,并不是一成不变的,而是在具体的环境中选出最佳策略。

2.4 好坏：存在绝对的标准吗？假如你是天堂的门卫……

一、大黑讲故事

　　我的奶奶去世很多年了，我记得她去世前一个月，在她的六个子女面前说："我死后，不能火葬，必须土葬。"她非常清楚地表达了自己的意愿。在农村人看来，火葬意味着死后还要受一道"酷刑"，而这火烧酷刑乃是地狱的刑罚之一。在她的观念里，善终包括了死后免于下地狱的惩罚。好人上天堂，坏人下地狱。这个民间关于死后去处的想象与传说在我奶奶的脑海里根深蒂固。

　　设想，神在创造天堂和地狱的时候，为了防止坏人假扮成好人混入天堂，于是就在天堂的门口设置了值班亭，只有真正的好人才

能进来,而不够好的,统统都不得入内。神仙张三,生前是个程序员,一生勤勤恳恳,心地善良,死后升入天堂,被天神提拔为天堂的守门员。今天开始值班,天神告诉他:坏人不得入内!张三拿了任命书,准备上岗,一脸愕然,他不知道如何区分好人与坏人。

　　请你帮助张三,设计一个好坏鉴别器,能够自动识别好人与坏人。不冤枉好人,也不能把坏人放进来。

二、大黑小白对话录

小白：我觉得，如果人性本善的话，那么所有人都应该进天堂；如果人性本恶，那么所有人都应该下地狱。

大黑：好人与坏人的标准问题预设了自由意志的存在。如果人被决定了，无法逃脱自己的天性，那么好人与坏人的界限就是无稽之谈了。

小白：那就是说，我们得先假设好人与坏人的标准，然后再找找看这个标准有可能是哪些，对吧？

大黑：对的。

小白：给飘过来天堂的灵魂来一次灵魂测试：放一些金子，看看它是否会拿走。好人只拿一点点，坏人估计会打包带走。贪婪的人不可能是好人。

大黑：你的意思是指他当前的灵魂状态决定了他的好坏。如果他现在的品性还是坏的，那么当然不值得进天堂。如果他现在品性是好的，那么只要不贪婪就可以进天堂吗？

小白：也许他很有钱，不稀罕金子。其实，我不只是说贪婪，其他坏的性格也要考虑。

大黑：暴怒、懦弱、无知等等，那他的生前做的事情就不重要了吗？死后是不是就一笔勾销，既往不咎了？

小白：当然重要！要在天堂门口放一台电脑，只要输入名字，就可以看出这个人的历史，有没有干过坏事。

大黑：电脑开了"无犯罪证明"才能进入天堂的门禁。

小白：对。

大黑：独木不成林，一燕不成春。一个人之所以成为好人，是因为他在生前干了很多的好事。因此，他才配得到好人的名称。不过，你的意思是好人的一生绝对不会干坏事吗？

小白：不一定。每个人肯定都干过一些坏事，如果有人一件坏事都不曾干过，那是不可能的。但只要大部分情况下都是好的，那么他就是好人。

大黑：好人的一生干的事应该大部分都是好事。

小白：对。

大黑：有人一辈子绝大部分时间都在干坏事，但是在生命的最后时光突然醒悟过来，他算不算好人？

小白：我觉得上不了天堂，毕竟干过太多坏事了。

大黑：放下屠刀立地成佛的故事，你听过吗？

小白：我又不信佛。

大黑：那如果一个人干了一辈子的好事，最后他自己决定做一个坏人，没想到只干了一件坏事，抢银行未遂，被当场击毙。请问他能上天堂吗？

小白：这个人应该可以上天堂，毕竟属于犯罪未遂，没有造成太大的伤害。如果他像灭霸一样厉害，最后干的坏事是把一半的人类杀死，那他肯定上不了天堂。

大黑：那就是要综合评估死者生前的行为和影响。

小白：对。

大黑：为什么把人类消灭是坏事呢？究竟什么是好事，什么是坏事？

小白：我手里的苹果，没有烂，闻起来很香，吃起来是甜的，就是个好苹果。这不是很清楚吗？我的笔掉地上了，珠子坏了，写不出了，很明显是坏的。

大黑：对。好坏的标准在这里是清晰的，没有异议。

小白：你帮我把笔修好了，能够正常使用了，这不就是一件好事吗？

大黑：对。

小白：苹果，没有经过我的同意，你悄悄地把它吃了，这不就是一件坏事吗？

大黑：是的。

小白：苹果是食物，水笔是书写工具。能用就是好的，不能用就是坏的。

大黑：那偷吃苹果怎么是坏事呢？我肚子很饿，你的苹果很好地发挥了它充饥的功能，这不是一件好事吗？

小白：但是这个苹果是我的呀。

大黑：你不需要它，而我更需要它，给我吃，它发挥了最佳功能。

小白：对你而言是好的，但对我而言是坏的。好坏是相对的，取决于不同人的看法。A认为是好的，就是好的；B认为是坏的，就是坏的。

大黑：这里包含两层问题：其一，好坏一定是跟主体相关；其二，好坏的标准取决于不同人的看法。你觉得好坏是主观判断吗？对他们而言，好坏仅仅是主观的，并不存在公认的标准，就像普罗泰戈拉说，"人是万物的尺度"。

小白：会不会两个都是对的？

大黑：那我们先讨论第一层问题。做一下收益与损失的计算，我饿了两天，吃了你的苹果，解决了饥饿问题，得到了很大的快乐收益。对你而言，这个苹果只是饭后水果，不吃也不会导致什么痛苦。总体而言，这是一个收益大于损失的结果。因此，这个苹果应该让给我吃。虽然这个苹果是你的，但是它最好的安排还是给我吃掉。这个世界不应该有饥荒，这难道取决于不同人吗？

小白：不是。

大黑：饥饿，只是对遭受饥饿的人是坏事，还是对所有人而言都是坏事？

小白：对遭受饥饿的人是坏事。打仗的时候，敌人的兵粮寸断就是我们的好事呀。

大黑：你我并不是敌我双方。饥饿是坏事，遭受饥饿的人应该得到食物充饥。这对所有人来说都是对的，还是只是对某部分人来说是对的？

小白：对所有人来说都是对的。

大黑：那么，我们可以说，存在着依赖于特定主体的"好事"，也存在不依赖于特定主体的具有普遍意义的"好事"，而消除饥馑就是对所有人来说的"好事"。

小白：有道理。但是，我的苹果就是我的，不是你的呀。

大黑：你可能觉得，将你的损失与我的收益进行比较是不公平的，对吗？

小白：是啊。你拿我的，我的权利受到侵犯了，是我的损失。你的收益是你的，即使收益再大，也不应该牺牲我的呀。

大黑：是的。不同的个体，有各自明确的边界与权利范围。侵犯权利是坏事，即使有再好的结果，侵权的行为也不应该做。但是，权利这种东西，跟现实实体不太一样。眼皮底下摆着几个苹果几个梨，看一看就一清二楚，根本不需要争论。我认为你的苹果应该给我吃，你认为苹果是你的，我再饥饿，你也可以不给我。究竟哪种看法才是对的？道德上的对错似乎不像事实那么客观。由此，有人认为道德是主观的。

小白：撒谎是错误的，这难道不是一个事实吗？

大黑：不一定。大家对撒谎都反感，似乎是事实，对撒谎的不赞同也可以是一项共识，从而也是事实。有学者认为，全世界各个地区的文化风俗各不相同，但是不同文化的道德要求差异或许只是浅表现象，其背后的核心理由则存在共通之处。伦理学的工作或许只是找到全球伦理的基本共识，伦理学也就成了伦理人类学。

小白：目前存在其他的道德共识吗？

大黑：有呀，联合国颁布的《儿童权利公约》《世界人权宣言》，规定的细则基本上是世界各国的共识。

小白：是吗？阿富汗呢？新闻上说了，塔利班都不允许女性自行就医，不能不戴黑纱出门。她们是不会支持联合国的《宣言》的吧？

大黑：你说得对。只要有一个国家不赞同，"共识"就不能成立了。不过，或许我们可以修正一下：大部分人同意的道德规范。当然，这样还有更大的问题，道德难道是投票能解决的吗？

小白：这样不就陷入相对主义了嘛。

大黑：一群人的共识与另一群人的共识不重叠，各自信奉各自国家地区的文化习俗，对道德的差异看法也使得全球共识成为不可能的障碍。

小白：就撒谎行为来说，它是因为大多数人反对而成为道德上的错误的吗？还是因为撒谎本身是错的，大多数人才反对它？

大黑：假如是后者，那么撒谎本身应该是违反了某些更为基本的原则。撒谎事实上会导致更广范围内的不信任与合作的低效率。像大哲学家康德就认为，撒谎是不对的。因为它把人仅仅当成了工具，而没有把对象当成目的自身。撒谎者的意图决定了撒谎行为是道德上错误的行为。

小白：就刚才的例子，能不能说"侵犯权利"是坏事，极其坏，一丁点都不能发生，即使吃苹果充饥带来了巨大好处，也不能抵消侵权带来的坏处？

大黑：也可以这么说。但是，换个说法，如果我们把"侵犯权利"理解为道德上的恶，具有绝对大的负价值，那么"帮助他人"则具有至高无上的正价值。既然帮助他人具有这么高的价值，那么你把苹果让给我，无疑是你最应该做的事情。相比而言，你自己的损失是微不足道的。

三、主题解析

> 问题引导：你相信天堂与地狱的说法吗？善与恶是绝对的还是相对的？为什么？不穿校服是好事还是坏事？浪费粮食一定是坏事吗？狼吃羊是坏事吗？超级英雄都是好人吗？在你的生活中，你如何区分好事和坏事？有没有某些情况下，恶行可能被视为善行，或者善行可能被视为恶行？如何理解"善有善报，恶有恶报"？你在

现实生活中看到过这样的例子吗？如果你有机会改变世界上的一件事以减少坏事，你会选择做什么？

参考素材：孔融让梨的典故、《月亮与六便士》（毛姆 著）。

要做一个善良的人，这似乎是一个不言自明的道德箴言。然而，为何要做好人，却是不容易回答的问题。用哲学的语言来表述：人为何要有利他性？

对这个问题的一般而直接的回答是——善有善报，恶有恶报。

事实上，好人一定有好报吗？恶人一定会下地狱吗？"善有善报，恶有恶报"或许只是人们心中的理想，而现实却可能与之相反：恶人逍遥，好人深陷困境。如果社会不能劝人从善，无法遏制坏人横行，那么好人也可能会怀疑从善的意义与动力。因此，前文提到的好坏标准设计实验，背后预设的正是这样的道德观念。这是一种朴素的价值观，背后的逻辑是"以牙还牙，以眼还眼"的复仇观念。在现代刑法学上，它是一种应报理论（Retributive Justice）。

有人可能会觉得，这种正义观念过于原始，属于落后的刑罚观念。然而，起源久远不代表落后，思想单纯也不意味着粗糙。作为道义论者的代表人物，康德是应报理论的支持者。对康德来说，从本质上讲，人是一个理性的具有自由意志的主体。在没有胁迫的情况下，一切由自我的自由意志发动的行动，都是由主体负责的。基于善良意志，做出了出乎义务的行动，则他的行动具有一项道德价值；反之，违反义务，做出违背道德原则的行动，那么他的行动就损害了自我或他人的尊严，从而产生了道德上的负价值。一个完全根据自我意志行动的人，应该为自己的行动所产生的结果负责。因此，一个人犯了罪，对他人造成了不可逆转的损害，那么，他应当受到相当程度的惩罚。这符合受害者对正义的要求，也是对犯罪主体的尊重。设想，一只宠物狗咬伤了行人，人们不可能要求狗为自己的行为负责，送它进看守所监禁。个体干了坏事而不承担应有的惩罚，这意味着他没有被当成人，作为人的尊严由此受到贬损。

但是，有些人通过非法渠道，获取个人利益，干了坏事却逍遥法外，过着高质量的生活。好人得不到好报，恶人也得不到应有的惩罚。如果一个社会没法保障正义的实施，那么人又有何动机来遵守道德的要求呢？对于普罗大众来说，因果报应的信仰是维持他们成为好人的动力。善有善报，恶有恶报，如若未报，时间未到。即使是在世期间没有显示应有的正义，死后的"他"也会得到应有的惩罚或奖赏。天堂与地狱的构想，正是这种观念的显示。未来的正义，预设了死后生活的可能，而天堂与地狱的背后则是神的铁面无私。没有意志的自由，就没有需要负责的主体；没有不朽的灵魂，死后的审判则无法进行；而上帝的存在则是维护着道德与正义的终极防线。灵魂不朽、上帝存在、意志自由，乃康德道德哲学的三大玄设。

然而，道德价值真的是至高无上的吗？它跟其他类型的价值能否做比较？孔融把大梨让给兄弟，自己食用小梨，他的兄弟获得了更大的满足与快乐，孔融则得到了相应的利他满足与道德价值。如果水果带来的好处远不如谦让所得到的道德价值多，那么，孔融是否应该选择吃大梨，让兄弟来执行谦让的行动呢？这似乎有点吊诡。一般而言，在伦理学范围内，价值往往是指善或者好（Goodness），而价值又可以区分为道德的与非道德的。非道德价值,也叫"审慎价值"(prudential value),往往等同于个体的良好生活(Well-being),是指对个体而言有好处的价值。让梨与抢梨,前者的目标是道德价值,后者意在审慎价值,两者混同,就容易出现上述吊诡现象。

虽然两者不能混淆,但是道德与非道德价值能否进行比较?孟子说,鱼与熊掌不可兼得,生命与道义不可兼得的话,则舍生取义。对普通人来说,我们面对的更多的不是生与义,而是日常的义与利。在德与福之间,对大多数人而言,可能更愿意选择一种幸福而高品质的生活,而不是过着"一箪食一瓢饮"的清贫人生。更多时候,人们可能尝试在德与福之间找到一种平衡,既追求德行,也希望有福。不可否认,道德价值是构成良好生活的重要部分,但是它能否作为至高无上或者优先的价值,则是争议所在。

在毛姆的《月亮与六便士》中,当主人公到了中年,他选择抛家弃子,听从内心的召唤,过上了一种追求艺术的人生。在艺术的世界里,他从作品中感受到自我的坚实与充沛。他的选择是可以理解的,但这种理解并不是道德至上论者所能接受的。这究竟是主人公错了,还是道德理论过于严苛了?自我的价值、生活的好坏、人生选择的优劣、自我与他人之间的取舍,并没有一种现成的标准供我们参照,其中的冲突彰显的正是生活本身与人的复杂性,这种复杂性超出了把道德价值视为最高行动准则的解释范围。或许,就像小朋友所说的那样,"好坏是没有绝对标准的"。

2.5 正义：隔壁咖啡馆里的全球正义

一、大黑讲故事

六七年前，永康路还是上海有名的酒吧一条街，因扰民严重，被整顿后，成了上海最著名的网红咖啡聚集地。我的邻居老张，是咖啡的重度爱好者，几乎每天都会去永康路喝咖啡。

但是，打从我认识他，老张只去一间咖啡厅喝咖啡，那就是雀巢咖啡厅。

理由很简单：经济实惠，比其他店的咖啡便宜近一半价格。

有一天，老张问老板为何价格这么便宜。对老张，老板没有戒心，靠近他的耳边，悄悄说："假如您仔细观察，您会发现我这里的员工都不会讲普通话，他们都来自缅甸。缅甸经济条件很差，很

多当地人都找不到工作。他们是偷渡过来的,没法找固定工作。我们包吃包住,每个月500块,全年无休。隔壁咖啡馆,人工价格是我们的十倍,还要交五险一金。这就是我们咖啡便宜的原因啦。"

老张听了,感觉有点不对劲儿,又说不上来为什么。他用自带的杯子,喝了一口刚刚打的意式咖啡。他占了劳动力低廉的便宜,这算不算帮助老板剥削员工呢?但是,没有老张们来消费,这些缅甸人似乎又不得不回到家乡去,继续过苦日子。

二、大黑小白对话录

小白：大黑，我觉得老张、老板都没有错。只要是老板，谁都想得到利润，这是合理的，如果不允许老板这样做，实际上就威胁到了缅甸员工的生计。这是更大的"剥削"，是对生命本身的"剥削"。

大黑：对比低工资的"剥削"，不给工作是更严重的"剥削"？

小白：对的。缅甸员工乐意的话，这怎么可能是剥削呢？

大黑：所有人都满意就不存在剥削了吗？

小白：即使是剥削，他自己能接受也愿意，就可以了。

大黑：也就说，被剥削者选择"剥削"本身，对被剥削者而言，一定是好事吗？"剥削"一定会导致主观上的不满吗？

小白：是啊，很多地方都"悲催"到没有人来投资"剥削"。这些偷渡过来的缅甸人，是幸福的缅甸人。没有咖啡店老板的雇用，提供安全的食宿条件，他们可能连干净的饮水、基本的医疗药品都没有啊。他们应该感谢咖啡店老板。

大黑：小白，你说得对。好坏，包含一种对比性概念：两害相权取其轻。但是，剥削，从本质上，也属于"害"，因此，它在本质上也应该是坏的，换句话说，任何剥削本身都是坏事。

小白：哦……主观的感受与剥削的事实是否存在是两回事？

大黑：就像每天都过得开心的奴隶，被奴役很辛苦但适应了没有自由的生活。

小白：这个类比不太对。奴隶是被迫失去人身自由，是强制的；但咖啡店的低薪，则是市场决定的。咖啡店老板也没有强制员工接受工作。至于老张，无论在不在咖啡店消费，都不应该被指责。消费有什么错呢，又不是黑市交易。

大黑：是的。市场有什么东西，老张选择消费什么，这很合理。对劳动者而言就不一定了。缅甸员工没有议价空间，工资被定得特别低，也没有专业人士来帮助他们维护自己的利益。在市场议价能力上，劳动者永远处于劣势地位。所以，很多国家都有最低工资的标准，如果低于这个标准，那么企业用人就存在不规范的问题。

小白：你觉得老张也应该抵制吗？那些竞争力弱同时要高收入的员工也可能找不到工作，痛苦只是从缅甸员工那里转移到了本地员工这里而已，支持咖啡店还是抵制咖啡店并不会让痛苦消失，那么这么做还有什么意义呢？而且，抵制存在剥削的店家不是消费者的责任。对老张来说，有什么卖的，就买什么，他不偷不抢。选择是他的权利。要求老张抵制咖啡店，会不会过了？

大黑：小白，你说的是法律权利，这当然没问题。但是，从道义上讲，继续消费难道不是趁火打劫吗？缅甸人为了活下去，才被压低工资。老张清楚了这一情况，却仍然继续消费，这不是相当于救助落水还要签订不平等契约吗？

小白：这个要求对消费者来说就太高了。让我们去甄别企业是否存在非法用工，真的太难了。这部分应该让法律和市场管理机构来操心。

大黑：你担心的是甄别问题，这个是对的。但就这件事情而言，如果你是老张的话，你要不要抵制？

小白：就这件事情的话，应该抵制。其他类似的，不清楚的情况下，不需要抵制。

大黑：不过，有另一个担忧，把物价定得很低的话，也可能会出现经济危机问题。

小白：他们把物价定得很低，顾客和老板都能获益，为何会导致经济危机呢？

大黑：这家咖啡店价格低，质量却和其他店一样，其他店要么倒闭，要么效仿它的做法，把价格压低。如果所有的店都像雀巢咖啡厅一样，那么员工就只有微薄的收入。这会导致市场的消费能力下降，那么很多商品就会滞留，卖不出去。

小白：发生经济危机，可能性太小了吧？

大黑：是呀。资本主义的本质就是唯利是图，就会选择廉价劳动力。

小白：那本地人就会因为要求相对高一点的薪水而被裁掉。

大黑：当非洲难民都有了工作，劳动力就会贬值，从而导致经济停滞不前，甚至还可能后退。大部分人没有工作或降薪，也就是说人们都渐渐地没有钱买东西，从而造成全球经济危机。健康的市场需要良性的竞争。允许雀巢咖啡厅的存在，实际上也是一个劣币驱逐良币的过程。市场的良性发展，是需要良性竞争的。为了降低成本，靠过分剥削劳动力的行为，最终极有可能导致竞争陷入恶性循环，因为每个商家都可能不择手段去降低成本。

小白：我觉得你还是杞人忧天了，市场也有监管呀。要说到经济危机可能太远了，即使这个担忧是有道理的，也不是顾客应该操心的。

三、主题解析

> **问题引导**：只要个人满意，他就一定是幸福的吗？没有人有异议的事情，一定不存在剥削吗？存在自愿受剥削的事情吗？在某种情况下，剥削能够让受剥削者受益吗？从长远看，如果剥削能够产生更好的结果，那么剥削是不是就是好事了呢？作为消费者，我们是否有责任不购买通过剥削劳工生产的商品？为什么？我们应该如何看待购买通过剥削劳工生产的商品？这种行为是否有道德问题？劳工剥削现象是否违反了社会正义的原则？在我们的日常生活中，有没有类似不公平的现象？
>
> **参考素材**：《查理和巧克力工厂》（罗尔德·达尔 著）、电影《机器人总动员》。

全球化被视为资本主义的进一步发展，资本主义从自由化进入了全球化，跨国公司成为这一进程的载体与推力。资本主义的本性在于扩张市场与增加利润。你在超市里能买到的物美价廉的产品，可能来源于企业在欠发达地区的厂房，那里的劳动力成本低。对劳工的剥削降低了产品的成本，提高了产品在市场上的占有率与销售额。另一方面，这为企业、劳工和顾客创造了一个"三赢"的局面。亚当·斯密认为，市场中的"看不见的手"自然而然地促使个人私利与公共利益相结合。

全球化和资本主义带来了许多明显的好处，如商品和服务种类的丰富，以及国与国之间的紧密联系。但随之而来的还有一些深层次的经济关系调整。在商品交换和资本流动的背后，有些关系开始呈现出不对等的倾向，这其中的某种动力，使得某一方在交易中获得了超过另一方的利益。而这些不对等关系往往意味着不公平的交换，这就是我们接下来要讨论的剥削问题。在马克思那里，剥削具有严格意义上的行为之不正义性。当剥削发生时，往往存在着某个受到不公待遇的主体。在权力结构上，剥削者要比受剥削者处于更高位置。一般来说，弱者"剥削"强者的情况不太可能发生。

从老张的角度看，当他从咖啡店老板那里得知剥削员工的事实之后，心存内疚。若从自己的道德感出发，老张可以停止在那里消费，这是他的自由。他也可能号召其他人来抵制雀巢咖啡厅，但受剥削的员工对于他们的"正义"行动似乎不会买账。面对这种情况，像老张这样的消费者，应该怎么做呢？

在全球化的今天，因为发达国家的产业迁移，发展中国家由此有了发展契机。很多欠发达国家是欢迎跨国公司的投资的，受到剥削是事实，乐意接受剥削可能也是一部分事实。我们能购买到物美价廉的商品，很大程度上归功于发展中国家劳工的低薪劳作，作为消费者的我们则分享了一部分"剥削成果"。一方面，没有买卖就没有"伤害"。没有消费助力，这些企业则没法实施剥削。另一方面，没有老张们的消费，身处于第三世界的劳工则会失业，失去改善生活条件的机会。而我们，作为生活在消费社会的老张，应该停止购买这类产品吗？

在哲学课上，很多孩子并不认为咖啡店里存在着剥削，同时也支持老板的做法。有同学认为："咖啡店保证了缅甸来的员工生活所需的物品，还付了工资，只要能保证他们可以生存下去就没有任何问题。"还有孩子认为："反对剥削，抵制咖啡店实际上是对缅甸人的生命置于不顾。"在某些情况下，抵制剥削，很可能造成另一种变相的"剥夺"，剥夺了他们赖以生存的工作。同学们似乎认为，让别人变得更好，就不可能存在剥削。剥削，一定是让受剥削者变得更差了。但是，事实上，剥削是有可能让受剥削者受益的。比如，老板利用信息的不对称，跟员工签订不平等协议，员工本来可以得到更多，却因为老板故意隐瞒关键信息而失去应得的待遇。

然而，所有人都满意，剥削就可以被接受吗？有同学说道："所有人都满意的事情，怎么可能存在剥削？"他们进一步给出了理由，"只要员工没有不满，那么就不算剥削"，"缅甸员工从贫困中解脱出来，能解决生活的基本需求，老板也需要员工给他干活，两方都得到自己想要的"，"咖啡店的生意让三方（包括顾客）都得到了好处，所以，老板这样做是没有什么错的"。换句话说，剥削的必要条件是"不满"，只要存在剥削，就必定存在不满。没有不满，那么剥削是不存在的。

这种看法很快被另一位同学反驳。她认为："剥削是否存在跟主观状态是没有关系的。剥削是一个事实，而员工没有不满意也不影响这个事实的发生。"换言之，剥削不一定会引起受剥削者的负面情绪，反之，员工有负面情绪也并不一定说明存在着剥削。权益被侵犯，主体有时候未必知情，但这并不影响侵犯事实的认定。

缅甸员工对自己生活的评价的对标点是自己的过往，那么他对此时的受剥削状态是难以察觉的。他的诉求被痛苦的过去遮蔽，渴望从饥馑与恐惧中解脱出来，他对现状的满意则建立在过度缺乏的记忆之上。维持生存，并不能代表真正的满足。退一步讲，即使他知悉自己的受压迫处境，但由于没有更好的选择，那么他也不会做出进一步的改变，因为这超出了他的掌控范围，他只能安于现状。

有同学认为，即使存在剥削，但大家都乐见其成，因此，这种"剥削"值得推行。就像雀巢咖啡厅那样，三方都满意，因此，即使存在剥削也没关系。这似乎就有点吊诡——在某种情况下，我们应该做"不应该做"的事情。

不过，在雀巢咖啡厅的案例中，可能并不是所有人都满意。有些同学意识到这个情况，认为我们不应该把视角局限在三方，应该超脱出来看看咖啡店的同行。剥削压榨劳工，低价的恶性竞争，也会伤害到其他咖啡店的利益，长久下去，其他正常的咖啡店将无法生存，而他们的员工也会面临失业，他们同样也没法维持自己的正常生活。用该同学的原话来说："雀巢咖啡厅员工的痛苦并没有消失，而是转移到了正常咖啡店的员工那里。"市场的良性发展，是需要良性竞争的。为了降低成本，靠过分剥削劳动力的行为，会使整个行业陷入恶性循环。从长远的结果看，这种剥削会引发更大的恶果。

你也许会问，假如能够带来更好的结果，那么剥削是否可以被允许呢？在雀巢咖啡厅的例子中，关键不在于缅甸员工是否得到更好的待遇，而在于老板的唯利是图，对其员工福利的漠视，这意味着，老板仅仅把这群缅甸人当成挣钱工具，并没有把他们当成"目的"自身。老板利用了他们，尽可能地压低了工资。有同学认为，咖啡店老板的做法无异于趁火打劫。设想，有人落水亟须施救，而施救者提供救援的前提是落水者必须同意为施救人低薪服务一段时间，落水者不得不同意。在这种情况下签订协议是不对等的，存在明显的胁迫。

剥削，不仅仅是经济行为，更是人与人之间关系的体现。它揭示了深层的强势与弱势的对峙，也暴露出我们对于正义和公平的复杂理解。在消费的每一个决策中，我们都面对一个根本命题：什么是真正的自由与公正？而我们的选择，是对这个命题的回答，也是对自身道德立场的反映。在这个日益复杂的世界中，我们都扮演着消费者的角色，每一次看起来"自由"的选择都可能影响到世界的某个角落。对于公正和自由，我们又应该如何定义和行动呢？

2.6 勇敢：胆子大就是勇敢吗？

一、大黑讲故事

青蛙与蟾蜍是好朋友，经常一起做事，一起玩耍，一起旅游。一天，他们看了《恶龙与巨人》，对其中的勇敢者由衷钦佩。他们想体验一下"勇敢"的滋味，于是，决定出门冒险，攀登陡峭的山峰，谁想一出门就遭遇了大蛇！要知道，蛇可是青蛙的死敌。他们要冲上去跟大蛇拼命吗？不！青蛙和蟾蜍拔腿就跑！一路飞奔，摆脱了大蛇，竟然在路上遇上了山崩！他们能靠自己的力量挡住滚落的大石头吗？不！他们吓死了，继续逃命！躲过了大石头，这时候，饥肠辘辘的老鹰飞过来了。是时候证明你们的勇敢了！青蛙和蟾蜍能打败老鹰吗？哪里敢！冲上去不成为老鹰的午餐才怪。他们疯狂逃命，一口气逃回家里。两人各自哆嗦着躲进衣柜以及床下，很久都没敢出来。他们俩终于体味到了什么是勇敢。

请问，青蛙和蟾蜍勇敢吗？你自己有过什么勇敢的经历？什么是勇敢？

二、大黑小白对话录

大黑：什么是勇敢？

小白：家里来了一只可怕的蜘蛛，我很怕它咬我，但我克服了内心的恐惧，没有让奶奶过来帮忙，拿了纸巾把它包着丢出门外了。

大黑：能够证明你勇敢的，肯定不是容易的事情。可能对于别人是容易的，对你来说却有一定的难度。要是你胆怯，就会请求奶奶帮忙。她本来就不怕蜘蛛，进来清理了蜘蛛，你说：奶奶，你简直太勇敢了！这明显不对嘛。

小白：面对困难，必须是有意识地做事情了。假如我没有看到这只蜘蛛，只是走出门时踩到了，并将它带出门外，留在了外面。很明显，这不属于勇敢的行动，只是一个无意识的行为。

大黑：小时候的我看到周围邻居经常聚在一起打架斗殴。我看到这种场面时，非常害怕，一度以为自己胆小，需要训练自己的胆量。我甚至还想过从二楼跳下，来挑战自己，超越自己，从而打破自己"胆小"的魔咒。

小白：你要是真跳了，不就骨折了吗？

大黑：我当时觉得，能够做别人不敢做的事情就是勇敢。

小白：别人不敢尝试的事情，你成功了，有时候是勇敢，有时候不是。你小时候要是真的跳了，没人会觉得你勇敢，而是傻。前几天，我看了一个短片，一个徒手攀岩的人，征服了酋长岩，他叫亚历克斯·霍诺德，具有远超一般人的能力，他挑战的是人类极限，不只是克服自己内心恐惧而已。

大黑：设想，二楼起火灾，没有逃生之路，只能选择跳下去，两害相权取其轻，虽然受伤了，也总比被烧死强。从二楼跳下来就属于勇敢吧？

小白：对，这个算。

大黑：有勇无谋，叫莽撞；有谋无勇，叫胆怯。有谋无勇，事情往往做不成，只能存在于他自己的幻想之中。

小白：有谋无勇，《三国演义》里的袁绍应该就是这类人。有那么多谋士为他服务，他却总是举棋不定，没有勇气行动，最后错失良机，失去了统一的时机。

大黑：很多人常常说智勇双全，其实，智勇两者往往是相互依存的。没有智慧与谋略，胆子再大，也是傻大胆；没有勇敢，智慧也只是花架子。干坏事，伤害别人的行为，也没几个人敢做。克服被警察逮捕的恐惧，精心策划一起劫持人质案，成功抢劫银行，逃之夭夭，逍遥法外，这种劫匪算不算有勇有谋、智勇双全呢？

小白：勇敢，应该是好的，不可能是坏的。抢银行这类行为，只能说是"贼"大胆！我认为勇敢是敢于做出一种很危险的决定，但是这个决定必须要给别人带来利益。如果只给个人带来利益，对别人只有坏处，这就不是勇敢。

大黑：为国捐躯，为救灾而罹难的人，都是帮助别人，自己却没有幸存下来，都是英雄，都很勇敢无畏。以前，我们有种说法，为了集体的利益，即使是一根稻草，也要舍身去救。这似乎就勇过头了。勇敢，用亚里士多德的说法，必须合乎中道，不偏不倚。不能太过，太过了，就是鲁莽；太少了，就是怯懦了。

小白：就像开着跑车上路，太快，连红灯都闯，就是莽撞；太慢，龟速行驶，比新手上路还战战兢兢，就太怯懦了。

三、主题解析

> 问题引导：什么是勇敢？你能举出身边的例子吗？勇敢是否只是面对危险时的无畏，还是也包括敢于面对内心的恐惧和挑战？怎样区分勇敢和鲁莽？在什么情况下，两者之间的界限会变得模糊？勇敢是否总是好的？在什么情况下，勇敢可能带来负面后果？一个人能否在没有外部挑战的情况下展示勇敢？是否有内心的勇敢，比如，克服自身的弱点和恐惧？是否所有面对不公正的行为都需要勇敢？为什么有些人能勇敢地站出来，而有些人不能？勇敢是否需要智慧的指导？勇敢是天生的还是可以培养的？我们可以通过哪些方式来培养自己的勇敢？在展示勇敢时，我们可能面临什么代价？什么样的代价才算值得？有人冒死跳水救一头猪，算不算勇敢？
>
> 参考素材：《青蛙和蟾蜍》（艾诺·洛贝尔 著）、《月亮与六便士》（毛姆 著）、《长袜子皮皮》（阿斯特丽德·林格伦 著）。

"勇敢就是天不怕地不怕，不怕任何东西。"

这可能是大多数孩子的直接反应。很明显，胆小的人不可能是勇敢的，懦弱则是勇敢的反面。

但胆子大就是勇敢吗？有孩子不认同，认为，不怕危险只不过是"傻大胆"罢了。胆子大是表象，傻才是本质。因此，胆子大的人不一定是勇敢的。设想，如果青蛙与蟾蜍站在天敌面前，没有丝毫惧意，也不逃跑，这无疑是极其愚蠢的，蛇与老鹰一口一个就吃掉它们了，这种胆大似乎不是人们所赞赏的那种勇敢，它更像是鲁莽。

胆子大虽然不是勇敢的充分条件，但也算必要条件吧？

亚里士多德认为，勇敢是一个人面对危险时的适度反应。恐惧是怕，有信心则是不怕。勇敢的人对恐惧和自信有适当的度量，他们知道什么时候该害怕，对什么事情应该有自信。过度的自信可能会导致鲁莽，而过度的恐惧可能会导致懦弱。勇敢就是怕与不怕的中间状态。按照这个说法，胆大似乎也不算勇敢的必要条件。从这一点看，青蛙和蟾蜍算不算勇敢呢？肯定不算。一开始是盲目自信，最后则是过度恐惧，所幸的是它们毫发无损。这也是故事让人发笑的原因。或许，是巨人的故事激发了小青蛙和蟾蜍的勇气，他们想要突破自己，成为真正勇敢的人。可以说，即使是再懦弱胆小的人，也有勇敢的时刻。

如果有人问你：你勇敢吗？你可能会怀疑自己是否配得上这个品性。但说起勇敢时刻，孩子们就有很多话讲了。有个小女孩举起双臂，做出大力士姿态，说这就是勇敢；还有人说，自己克服了对水的恐惧，学会了游泳；还有人说自己踩了蟑螂……从这些例子看，事情的难易程度是因人而异的。对别人来说是容易的事情，对你而言可能就是一件需要很大勇气才能完成的事情。青蛙与蟾蜍害怕老鹰，因为老鹰对它们是威胁，但对很多生物来说未必如此。每个人都有自己的优势与弱项、长处与短板。很少有人能够做到不惧怕任何事。所谓的天不怕地不怕，往往却是生活中的"傻大胆"。显然，一时的勇敢是容易的，难的是时刻保持勇敢。勇敢的事做多了，行动者无疑就趋于勇敢了。最勇敢的人似乎是无时无刻不做着勇敢行为的人。但是，那些真正勇敢的人不见得天天在做勇敢的事。

毋庸置疑，勇敢需要明智，单纯的"勇敢"行为可能导致鲁莽和危险。因此，明智的思考和决策在勇敢的行为中扮演着关键作用。明智与勇敢相结合意味着在面对危险、恐惧或困难时，能够理性地权衡利弊，评估风险，并做出明智的决策。明智可能包括了对情境的全面了解、对自身能力的客观评估以及对可能后果的预见。

假设有人看到一个小孩掉进河里，便立即跳进水中救援，丝毫没有考虑自己的游泳能力与潜在的风险，最后没有成功救人，反而把自己的生命也搭进去了。勇气可嘉，但不是真正的勇敢。明智而勇敢的反应是迅速采取行动，但首先是寻找周围的救援设备或者寻求帮助，同时根据自己的游泳能力判断是否能够安全地救援。不过，鲁莽与冒险也不一定会导致失败，运气也是很重要的因素。假如他们没有意识到山崩滚落的巨石会压死自己，而把大石头当成大气球，便飞奔过去，想要拥抱这些"大气球"。因为无知，所以无畏，不知道危险所在，同时也因为运气，滚石从他们的头顶飞过，两人安然无恙。这种无畏显然跟勇敢没有丝毫关系。

当然，也存在着牺牲自己成全他人的勇敢行为，这种行为算不算是不明智的呢？愿意牺牲自己来成全他人的行为通常被称为无私或英勇的行为。它们可能被认为不明智的原因是，牺牲自己可能会导致丧失自身的安全、福祉或利益。但是，人们愿意牺牲自己而成全他人并非完全出于不明智的决策，无私也不是"愚蠢"，而可能是源于无私行动者的价值观。对于这些人来说，他们可能认为通过牺牲自己来帮助他人、维护正义或保护弱者，是一种更高尚而有意义的行为。我们可以说这些人的行为是一种超越个人利益的勇敢。虽然从实际利益和安全角度来看，这些行为可能被认为不明智，但在伦理和道德的层面上，它们被视为勇敢和崇高的行为。

显然，无论是追求个人幸福，还是遵守道德要求，都要求明智和勇敢的参与。然而，当道德要求与个人理想冲突时，何种决策才是合适而勇敢的呢？除了个人的明智与勇气，可能还与道德运气有关。道德运气是由伯纳德·威廉斯提出的概念，指个体在道德决定中受到无法控制的因素影响，如天赋、环境等。这些因素较多地影响了个体的道德选择和行为结果，却无法人为控制。

举例来说，画家高更放弃稳定生活，追求艺术梦想，这个决定充满未知与挑战，表现了他的勇气。高更的选择出于他内在自我和完整性的需要，画画是与他内心深处的激情相契合的个人计划。然而，与其他人不同的是，他的天赋跟富有激情的计划是相匹配的，这并非他个人努力或选择的结果，而是道德运气。

2.7 友谊：人和动物能够做朋友吗？

一、大黑讲故事

读高三那会儿，我的时间几乎全都在学校的图书馆和自习室里度过，整个世界似乎就被无穷无尽的试卷和笔记本填满。

炎炎夏日的某个中午，我和同学大头在食堂把饭快速"倒"进胃里后，返回教室，突然听到了教室外的骚动声，还伴随着狗的尖叫声。我们立刻跑出去看，几名保安正挥舞着棍子，试图赶走一只黄色的小狗。那只叫小黄的流浪狗，曾在一次偶然的机会中跑进了校园，它的机灵可爱赢得了众多同学的喜爱，大家轮流给它带饭，它也就成了我们校园中的一分子。我冲上去试图阻止他们，得到的答复却是：这是校方的决定，怕它携带狂犬病病毒，对大家的健康

构成威胁。尝试过驱赶,但都无效,所以现在只能棍棒相加。我和大头承诺,放学后我们会把小黄带走。

晚自习结束后,我用校服将小黄包裹起来,大头骑着单车,我们一同将小黄带回了我家。小时候,我曾经被一只狗追咬过,摔得头破血流,那段时间我对狗有着深深的恐惧。而小黄却"治愈"了我对狗的恐惧。小黄全身黄毛,只有爪子是白色的。据那些懂点"狗相"的人说,小黄应该是被主人遗弃的。它虽然是纯种的金毛犬,但是爪子白,被认为是会带来破财运的"破财狗"。

虽然父亲对我把"破财狗"带回家有微词,但小黄很聪明,它知道父亲不喜欢它,于是始终紧紧地跟在母亲身边,给母亲带来无尽的欢乐。然而,好景不长,仅仅一个月后,父亲背着我们把小黄送给了朋友,说是帮忙看守农场。母亲哭得稀里哗啦。我知道它凶多吉少了。

二、大黑小白对话录

大黑：人可以跟动物做朋友吗？

小白：有些动物可以，有些动物不可以。蟑螂、蚊子、苍蝇之类的，我不会跟它们做朋友；猫、狗、鱼、乌龟这些，我会跟它们交朋友。

大黑：前者传播疾病嘛。

小白：有人说要跟蚊子做朋友，你会不会觉得特别奇怪？

大黑：确实是挺奇怪的。蚊子属于低等生物，但猫、狗可比它们高级多了。

小白：猫、狗是哺乳动物，有比较高级别的情感能力。它们是人类的朋友。

大黑：乌龟、小鱼这些可不是。

小白：但它们也可以陪着我呀。当我觉得不开心、有压力的时候，也不想跟爸爸妈妈说，就可以跟我们家的乌龟说，它总是会很耐心地倾听。在我孤独的时候，它也总是在我旁边陪伴着。

大黑：动物确实可以陪伴人类，但这种"友谊"，主要是动物对人的单向陪伴。

小白：也不一定哦。我们家乌龟还是很亲近我的，它见到生人会躲着。

大黑：乌龟可能能够区分你与其他人，但鱼可能就不太行了。一般认为，鱼对于主人的识别和反应能力相对较弱。

小白：布娃娃，连响应都做不到，但我们也能感受到它的陪伴。

大黑：布娃娃也可以成为朋友吗？

小白：应该不可以。狗狗也享受你的陪伴呀，它喜欢蹭人，看到我放学回家，就特别开心。

大黑：相互陪伴算不算友谊的条件呢？疫情封控在家，小伙伴都没办法见面一起玩儿了。一段时间内没有陪伴，并不代表永远不见面了。

小白：永远见不到，友谊就结束了吗？

大黑：没法见面，就没办法一起做事情。但是如果保持联系的话，那么朋友关系还是在的。

小白：这样说，陪伴也不是必要条件？

大黑：好像是。

小白：如果有些狗特别凶，不友好的话，那是没法相处的，还可能对你有危险。心情不好的时候，就咬你一口。

大黑：那些有攻击性的动物，都很难跟人交朋友。

小白：老虎、狮子和狼这些，如果从小就养着，那么可能有默契，有成为朋友的可能。它们可能可以理解人，有可能可以交流。

大黑：你说动物跟人能够交流？动物没有语言，也听不懂人话，怎么可能跟人交流呢？

小白：饲养宠物，让宠物成为你的朋友，你得做很多功课。了解它们的生活习性，给它们足够的照料。然后，它们才会对你好。

大黑：饲养得好，它们也不一定能够理解你呀。

小白：我们家的狗看到我伤心哭泣的时候，会跑过来蹭我舔我，安慰我。它是能够理解人的情感的。

大黑：简单点的可以，复杂的就不行了。比如，嫉妒、义愤等。动物的行为和"语言"比较单一,只能表达简单的情绪。虽然都是生物,但是人的大脑的发达程度,把其他非人类动物甩得远远的。动物永远都不能代替真正的人类朋友,无论多默契,它们也无法真正理解人的深层感受。

小白:你说得对,我不反对呀。有些动物能够跟人做朋友,不是说它跟人一样,有一样的能力。我在学校里最好的朋友也不能完全理解我呀。

大黑:动物跟人的友谊与人类之间的友谊还是不同的。后者要求彼此能够表达自己的想法以及平等地沟通。

小白:我觉得相互帮助也很重要。要善待自己的宠物。狗狗也能够在紧急的时候帮助你,警犬还能下水救人。

大黑:有些狗也傻傻的,随地大小便,听不懂主人的指令,别说帮忙,不整天捣蛋就很好了。警犬必须有很高的智商,接受很好的训练,才能够协助人类干活。友谊意味着相互帮忙,警犬帮忙,不过是因为得到很好的训练罢了。

小白:哈哈,为了得到主人的零食。

大黑:对。为了得到好处而对你好,这肯定不是真的友谊。

小白:那是利用。

大黑:警犬在"利用"人类吗?

小白:对。人类利用警犬,警犬也在"利用"人类。

大黑:利用,是指用手段让人或事物为自己服务。人利用警犬,这好理解。警犬能让人为自己服务吗?把人像工具一样来使用吗?

小白:那不太可能。警犬的反应很多时候就是训练出来的,也不是什么复杂的策略。

大黑：就像拉磨的驴一样，完成任务，就可以得到奖赏。对待朋友，你肯定不能像对待宠物一样啊。

小白：动物跟人是不平等的，但是，人跟人之间差别也很大呀。绝对平等是没有的。

大黑：是的，绝对的平等是不可能的，但是人格上每个人都是平等的。不能欺骗、背叛，要尊重对方，不能看对方笑话、落井下石。

小白：我同意。我们说要尊重人，是最基本的，对待陌生人也一样要尊重。

大黑：陌生人肯定没有帮助我的义务。朋友之间，相互帮忙总是要的。

小白：嗯……如果你在路上看到有人心脏病发作，你会不会伸出援手？

大黑：当然了，打个电话叫救护车很简单。

小白：如果你看到倒地的病人之后走开了，视而不见……

大黑：如果是朋友倒地了，你见死不救，这性质是不是一样的？

小白：是。但是要严重多了，人家会骂你，连朋友都不救！

大黑：所以，朋友之间的义务连接比陌生人之间的帮助义务要强烈得多。如果主人倒地死亡，狗狗没有施救，我们很少有人会谴责狗狗的。

小白：狗是没有责任的。如果它想办法叫人救主人的话，那是绝对的新闻。这很罕见。

大黑：因为这超出了动物的能力，对它们而言是过高的要求。

所以，朋友之间的特殊义务要求对动物并不适用。

小白：朋友是要跟你走到底的。如果中间断了，那么就不算真朋友了。

大黑：无论什么情况中断都不算，还是某些情况中断不算？

小白：背叛就算。但因为年龄大了或出交通事故了，中断了，不算。

大黑：前者说明是假朋友，后者说明还是真朋友。

小白：那朋友一定要天长地久吗？

大黑：天长地久，天荒地老。如果只是一天的朋友，那算不算真正的朋友呢？

小白：我觉得不算。你有一块钱，你算有钱人吗？

大黑：那一个月呢？一年呢？五年呢？

小白：这不是你说过的谷堆悖论吗？一粒米算不算一堆米？两粒呢？三粒呢？究竟多少才算？认识多久，才算是好朋友呢？

大黑：我觉得这一点不需要过于精确。友谊的重和轻，主要不在于认识时间的长短，而在于交流的深浅、情感和关系的厚薄。有些人认识了一辈子，仍然不了解彼此。有些人才认识一两天，却相见恨晚。

三、主题解析

问题引导：布娃娃能成为你的朋友吗？动物能跟人做朋友吗？你跟爷爷能够成为朋友吗？亲人与朋友有什么区别？动物之间存在友谊吗？好朋友一定要陪伴在一起吗？玩伴是不是朋友？同学能算朋友吗？你能跟任何人成为朋友吗？一个人一辈子可以有多少个朋

友？什么样的人适合做朋友？什么叫作"假"的朋友？

参考素材：《尼各马可伦理学》（亚里士多德 著）、《青蛙和蟾蜍》（艾诺·洛贝尔 著）、《古利和古拉》（中川李枝子、山胁百合子 著）。

2022年，上海封控期间，学生被迫居家上网课，他们无法和学校里的小伙伴进行面对面的交谈。很多同学认为，友谊并不会因封控而改变。或许见面不是维持关系的必要条件，但如果长期不联系，友情自然无法持续。亚里士多德认为，分离虽然不会摧毁友爱，却妨碍其实现。如果分离太久，则友爱逐渐被淡忘。没有什么比共同生活更能维持友爱了。可以这样说，共同生活是友谊的必要条件。

这样一来，天天和主人在一起的宠物能够和人成为朋友吗？有孩子可能会认为，宠物就是用来陪伴人的，没有什么关系比人宠关系更亲密更稳定的了。然而，要说单纯的陪伴，甚至连毛公仔也能提供陪伴与安抚，但我们不会就因此认为毛公仔具有当朋友的资格。然而，跟毛公仔不同，动物和人之间至少还存在简单的互动。人通过观察，可以理解动物的行为与习性。而聪明的动物接受人的刻意训练，能听命于主人的号令。然而，无论是人对动物的观察，还是动物对指令的接受，都很难被视为真正的交流。因此，在家养宠物实际上很难称为"共同生活"。共同生活，不能简单地理解为在同一物理空间里生活，而应该理解为提供了交流机会的时间和空间，让友谊得以发生、发展。即使相处时间再长，如果没有交流的发生，关系也形同陌路。相反，即使不在同一空间，只要交流得以发生，友谊便可能产生。

即便如此，有孩子可能仍然认为，他与自家的狗狗的关系，因为共同生活和互相依赖，甚至比他与人类朋友的关系更重要。毕竟，狗是有感情的。当你回家时，你的狗可能会急忙跑过来，甚至扑倒你，并舔你的脸来表示它的喜悦。你对它付出情感，它也以情感回应你。人与宠物之间的感情，有时甚至比人与人之间的感情更为深厚。

每个人珍视的东西各有侧重，因此有些人在自我价值排序中可能将宠物置于友谊之前，这也是完全正常的。在人类社会生活中，亲子、师徒、恋人、夫妻、朋友等都属于情感关系。人与宠物之间虽然是一种驯养关系，但也可以建立深层的情感联系，这并不奇怪。事实上，宠物在欧美文化中往往被视为家庭中的一员。在这所有的情感关系中，朋友关系也不一定是情感最深厚的，人与宠物的关系也未必是最浅层的。由于成长环境和个人境遇的差异，每个人能够建立的情感关系也各不相同。因此，情感的联结和关系的亲密程度，虽然是友谊的必要条件，却并非充分条件。

除了情感联系与共同生活这两个条件之外，朋友之所以为朋友，最重要的还在于朋友承担了彼此建立一种特殊关系所带来的特殊义务。用孩子的话来讲，叫"相互帮忙"。朋友之间所承担的特殊义务，与一般人之间的义务关系有所不同。举例来说，张三落水了，路人看到了有义务施救。如果张三失业了，生活窘迫，陌生人显然没有资助义务，但朋友则有一定程度的救助义务。用古希腊哲学家毕达哥拉斯的话说，"朋友有通财之义"。如果朋友去世了，没人安葬怎么办？孔子说："于我殡。"作为朋友，"我"有绝对的责任去完成。

因此，作为特殊关系的朋友，在规范意义上，相比其他陌生关系，有更高的互助要求。而要真正尽到朋友的义务，是非常难的。正是朋友难得，才显得可贵。在学校，同学之间可能因为鸡毛蒜皮的事产生争执。你可能觉得，大多数同学的友谊都是塑料友谊，容易破裂。朋友应该是真诚的，相互尊重的。每个人都希望能够结交到品格高尚的朋友，而不是只关心自己利益的人。近墨者黑，近朱者赤，大多数人都清楚朋友的影响是至关重要的。选择什么样的人做朋友非常重要。

《论语》里曾说到交友："益者三友，友直、友谅、友多闻。"三种益友分别是正直、诚实以及博学的人，跟具有这三种品性的人交往是有好处的。正直与诚实，属于道德范畴的德行。而博学、有知识则属于理智上的德行。保持一天的正直与诚实是容易的，难的是始终如一，无论什么环境和情形下都坚持按照德行的要求来行动。尤其是面对困难与诱惑的时候，坚持应有的德行就更难，因而也更可贵。换言之，要做个好人是不容易的。

对小朋友来说，朋友就是玩伴。最重要的是有共同的爱好，能够在一起玩耍。当他们不能一起玩儿时，伙伴关系也就淡了。对大人而言，生意上的往来，长期的合作伙伴关系，也是因为彼此的利益而连接在一起。没有永远的朋友，只有永远的利益，说的就是这个道理。生意结束了，合作也终结，友谊也没有了继续的理由。

而有道德的人之间的友谊并不是为了某些外在的目标，而是为了对方，不只是为了自己。亚里士多德说，只有好人之间才能因相互的缘故而做朋友。有道德的人之间的友谊也可以产生快乐，也会互利；即使不产生快乐，不再利己，有德行的朋友也始终不离不弃，恪守作为朋友的责任。

2.8 美丑：你能画出世界上最丑的画吗？

一、大黑讲故事

在紧挨着我们家的一个偏远村子，住着一个被人称为"老柏"的画家。他的真实名字，我至今都不清楚，但村子里流传的故事却充满了让人心动的魅力。据说，3岁的老柏已经展现出对绘画的热爱，他会手持画笔，用童稚的笔触细细描绘那门前生机勃勃的竹林。18岁时，那片竹林虽经历风雨，仍翠绿如初，而老柏，也已是潮汕地区知名画家的弟子了。

清晨的雾气还未完全散去，我依稀记得，老柏骑着他那旧旧的凤凰牌单车，他卷曲的头发被风吹得更显轻盈，烟斗在他嘴角冒着淡淡的烟雾。这样的场景，似乎已经成为我记忆中不可磨灭的一部分，让我对"艺术家"这个词充满了浪漫的向往。但随着我踏入了

广州的大学,回家的次数渐少,我对于老柏的记忆也渐渐模糊。

那年,我父亲去世了,我怀着沉重的心情回到了老家。在村里,我与一个年迈的书法家闲聊,谈到了老柏。老柏这些年经历了太多的沧桑与变故,他手中的每一件艺术品,都得到了他悉心呵护,保存如新。听说,为了让这些宝贵的艺术品有个长久的家,他打算创办"柏拉图艺术馆"。但因为艺术品实在太多,老柏陷入了选择的困境。

我脑中突然浮现出一个设想:若是有一台"美丑探测器"能帮他鉴定这些藏品,那该多好。要是我有机会,我会建议他在艺术馆门前挂一个告示牌,征集这台探测器的设计方案。这机器,既要具备专家的鉴赏眼光,还要能捕捉到普通人的审美取向。

对于这样一台机器,你会如何定义其功能?又会设置哪些评判标准呢?真的有这么一台机器,能准确地鉴别出每一件艺术品的真正价值吗?

二、大黑小白对话录

小白：我觉得丑有很多种，不仅是外表和形态上的，还有内心的。不好看、怪异、邪恶，这些定义都是人定的。

大黑：扶老奶奶过马路，这个行为应该是善的吧。

小白：也许有些人是为了得到别人的表扬，也可能只是完成学校布置的任务。

大黑：并不是每个帮助行动都是出自真正的好心。但是善恶还是有标准的。

小白："善良"与"好心"，"邪恶"与"恶意"，这些不都是人定义的吗？

大黑：美丑是相对立的。丑，有时候也被用来指称"不道德的""罪恶的"等行为。树立典型，扶老奶奶过马路是好事，很多小朋友跟着做，这也是好事。当然，我们这里讨论美丑问题，不讨论善恶问题。善恶的标准是不是人定的，这个议题我们暂且搁置。就谈审美问题：美丑有没有标准？存在美的本质、丑的本质吗？

小白：如果有个很厉害的画家，看了希特勒的传记，很崇拜他，于是画了很多关于希特勒的作品，那么把希特勒画得特别伟大的作品有艺术价值吗？

大黑：有意思的一个提问。按道理，艺术价值应该独立于道德价值，但这里似乎两者相关了。如果画的人物是牛顿、尼采、柏拉图等似乎就没有这个问题，但希特勒好像就不太对劲儿了。

小白：为什么会这样呢？

大黑：据说曾有一个作品展，把死刑犯的尸体烘干，制作成人体艺术品。

小白：太恶心了！

大黑：让你反感的作品算不算艺术品？

小白：可能有些人不认为恶心。

大黑：艺术作品是可能会引起观众反感的，但并不影响作品本身的价值。

小白：我赞同，个人看法并不会导致作品的价值贬低。

大黑：但是恶心的反应可能意味着这幅作品的价值观是有问题的。

小白：也可能是我们的恶心反应出问题了？

大黑：有可能。

小白：幼儿园小朋友木木看了达利的画展，觉得不好看，色彩乱七八糟的，里面的人也怪怪的。她还觉得自己画得比他好。

大黑：哈哈。人是万物的尺度，大人和小孩的标准也不一样啊。

小白：那美丑的标准因人而异吗？每个人尺度都不同，难道每个人都是万物的尺度吗？

大黑：如果每个人都是美丑的判断者以及标准的制定者，那这种标准就没有共识，没有说服力，不是真的标准。这幅画，你觉得丑，我觉得美。你的尺度跟我的尺度各不相同，究竟以谁的为准？

小白：以各自的主观尺度为准，实际上也就没有标准。但是，好的艺术品给人以好的享受，例如平复心情、引发愉悦。

大黑：如果一些艺术品让人不舒服呢？行为艺术家玛丽娜的作品，大家看了都觉得很不喜欢，很恐惧。那么这样的东西，是不是艺术品呢？为什么它作为艺术品放进了美术馆呢？

小白：嗯，有道理。能不能说，审美体验不一定都是快乐的？

大黑：引发悲伤的悲剧，让你落泪的电影，也可能都是好的艺术品。

小白：不能引起主观感受的东西，是不是艺术品呢？现在美术馆里展出的东西，太抽象了，都看不懂。它们能叫作艺术品吗？

大黑：所有人看不懂都没关系。

小白：至少要有一个人能欣赏吧，比如创作者本人。

大黑：作者也可能是随意涂鸦。

小白：那这算不算艺术品呢？

大黑：如果我们抱有一种绝对主观的态度，那么我们对于艺术品的标准就会放得很低。所有东西都是艺术品，或者，所有东西都不是艺术品。

小白：一根毛线也可以是艺术品，一个字也可以是艺术品。

大黑：那就太主观了。

小白：是啊。一幅画作的好坏，跟很多因素有关，纹理、层次感、色彩和谐程度等等。假如这些都没有处理好，那么它就不能算是一幅好的作品。让我来设计美丑探测器的话，我可以将标准分成十级，定十条规则，一条不符合就降一级处理。比如，不涂改，没有污渍，不要画出边框，冷暖色调结合，注重色彩搭配，较大的画颜色不超过15种，较小的画颜色不超过5种，画面比例适中，主题突出但是不突兀，署名端正。

大黑：艺术品黄金十条，一劳永逸地解决问题。达到这些标准就是美的，没有达到就是丑的。你的艺术品十条准则，虽然能为我们提供一个参考，但艺术是复杂的，是否可以这样简单地分类呢？

小白：这些都是基本要求，美术课上老师都教过。

大黑：符合这些要求的作品就一定是好的艺术品吗？

小白：不一定。

大黑：那艺术品可不可以没有作者呢？

小白：可以的。比如一块天然的石头，一个很漂亮的贝壳，一棵千年老树。

大黑：这些漂亮的自然物符合你的十条标准吗？

小白：我列出来的标准只适用于绘画。

大黑：有时候，我们会惊叹某些自然物真是鬼斧神工，大自然本身不就是"作者"嘛！

小白：那就是比喻的说法。

大黑：实际上，天然的作品往往不算艺术品，它需要被再发现和挖掘。例如杜尚的小便池，本身不是艺术品，当它被杜尚发现了，虽然他什么创作都没做，只是签了个名字，但赋予了它新的含义，就算是艺术品。

小白：如果不是杜尚，而是大黑搬了小便池进展览厅呢？

大黑：哈哈，要是把大黑搬进去，杜尚在我身上签个名，也许还算。

小白：伟大的作品必须是一个公认的艺术家做出来的吗？

大黑：不一定。

小白：不创作艺术品，怎么成为艺术家呢？

大黑：在艺术家出名之前，作品要放在美术馆，或者是被报纸报道。他的作品必须要有一个"含义"，需要有一个"背景故事"，需要一个解释的空间。

小白：也就是说，一个作品需要被解释，对不对？

大黑：艺术批评家就是做解释的活儿的，但如果解释跟创作者意图相悖，那我们是听批评家的还是听作者的呢？

小白：这种应该少见吧，应该差不了多少才对。

大黑：就如食物的饱腹感，有些是七分饱，有些是十分饱。尽管是主观感受，但仍存在某种客观的衡量标准。

小白：确实，蒙娜丽莎的微笑比我的好看多了。她的微笑很神秘，而我，我少了一颗牙，笑起来傻乎乎的。

大黑：我们能不能这样说：美的标准存在主观因素，但这不意味着美没有本质。它的本质存在于人的心里，而人心可能没有共识，但心灵有标准，只不过，我们的共识从没达成，只是接近心灵标准。有人说品位有高低，那么这个高低是否跟具体的文化与历史条件有关？不同艺术流派的品位有所不同，那么同一流派内部有没有一致的标准呢？在人类历史的发展中，美的历史是进步的历史，还是倒退的？

三、主题解析

问题引导：美丑的标准是主观的还是客观的？究竟是瘦是漂亮的，还是胖是美的？如果瘦子是美的，那么胖胖的蒙娜丽莎怎么可能是美的呢？世界上存在最好吃的比萨吗？世界上最好的美食是什么？心灵美是一种美吗？做坏事可以有美感吗？小便池美吗？为什么有些艺术作品在某些人眼中是美的，而在另一些人眼中是丑的？

艺术作品的美丑是如何评判的？自然景观和人造景观哪个更美？为什么有些人觉得自然美，而有些人喜欢城市的美？丑是否也有其独特的价值和美感？有哪些例子可以说明丑的美感？

参考素材：艺术装置作品《泉》（杜尚）、《丑小鸭》的故事、电影《料理鼠王》。

"大黑老师，这个世界上存在着最好吃的食物吗？哪里卖的东西最好吃？"四年级的小胖同学向我提出了一系列有关吃的问题。他是个小吃货，喜欢品尝各个地方的美食。问完之后，还不忘记加一句："这算不算哲学问题？"

萝卜青菜，各有所爱。在饮食问题上，若仅基于个人偏好，那么不存在绝对的对错或优劣。四川人喜欢吃辣的，广东人喜欢清淡，口味差异，没有哪一种更优。但"美食家"这个称呼似乎暗示了食物存在品位上的区别。美食家正是看得出门道，知道区分优劣的行家，属于有品位的人。品位，在饮食上是如此，在审美上也是如此。

"一白遮百丑，一胖毁所有。"肤白和精瘦是不少人审美的黄金标准。但在古代，唐人则是以胖为美。翻开各国的历史，我们可以看到，不同时期、不同地区的人，对美的认识也各不相同，对美的实践也是千奇百怪。古代中国有裹小脚的陋习，今天的非洲穆尔西族人仍然以唇盘为美。如果你问一年级的小朋友，什么人最美，他的回答极有可能是：妈妈。

是否存在着美的客观标准呢？

对柏拉图而言，客观标准是存在的。真正的完美存在于理念之中,真正的美是理念世界里的美。现实世界里的对象只是分有了理念的美,属于不完美的对象。举例来说,完美的三角形。在现实世界中,完美的三角形并不存在。无论我们如何使用工具,总是避免不了误差。但是作为理念,它可以在那里存在。

美也是一样的。最完美的是美的理念,是客观的,只是每个人创作的作品品位高低不同,而最美的无疑是最接近理念世界的美。

然而,当孩子说妈妈最美的时候,他看到的只是妈妈,并没有看到美本身。用休谟的话来说,前者基于个人情感,后者更多地基于事实。但是,休谟不承认品位是完全主观的东西,他在《论品位的标准》一文中,尝试找到"品位的标准":"一种足以协调人们不同感受的规律,这是很自然的;至少,我们希望能有一个定论,可以使我们证实一种感受,否定另一种感受。"这是如何可能的呢?可以肯定的是,品位的标准并不像外在事实那么清楚、明白,但是它或许可以理解为只存在于理念世界之中的"事实"。

虽然审美趣味具有时代性,但我们也看到存在某些超越时代的经典作品。它们之所以成为经典,原因不在于贴合了时代的审美趣味,而是击中了审美的普遍规律。或许这些经典作品是最接近柏拉图理念中的"美"的。

而那些对各种艺术形式——无论复杂的还是简单的,无论是下里巴人还是阳春白雪——都有过深入研究和体验的人无疑更有发言权。对比普罗大众,他们无疑是更具鉴赏力的行家。正是他们,能够更好地识别出接近理念世界的"事实"。

古典功利主义哲学家约翰·密尔(John Mill)对快乐体验有过高级和低级的分类——苏格拉底沉思的快乐与小猪滚烂泥的畅快显

然不同。如何确定两种快乐的高低级别？对两者都有过体验的人能够毫不迟疑地选择的那一个选项，则是更高级别的。用音乐的例子来说明。古典乐，还是流行乐？只要是对两者都有深度了解和体验的人，就都可以做出明确的判断。换言之，每个人的主观感受与评价有差异，但是专家的意见更为重要。你得问懂行的人，他能给出更好的建议。而更好的，就是更接近理念的。

有同学可能有疑问了：究竟是古典乐更有价值，还是流行乐更有价值呢？两种音乐风格的评价标准不同，好的流行乐和好的古典乐都有各自的范例。有没有高于两者的标准呢？还有更难的，古典乐与油画，哪种更高级？不同的艺术形式如何比较？有同学说："我不会输入标准，也不会去制作这样一台机器，因为每个人对美丑的认知是不一样的。我们不能以大多数人的审美定义美与丑，大多数人并不等于所有人。也许机器可以识别这幅画上油彩的年代，可以识别这幅画的各种信息，但是它不能识别这幅画的美与丑。历史上的名画，也不是所有人都觉得好，也不能要求所有人都觉得好。没有办法使用一个标准、一个框架来定义所有画的美与丑。"

好的作品有时代性，大众审美趣味可能代表着某个时期的风格偏好，进而可能左右艺术品市场价格，但大众品位无疑是变化的。以凡·高为例，他在世时，画作一文不值，死后画价却暴涨。时代不同，人们对凡·高作品的评价和态度也不同。在逻辑上，艺术品本身的价值与市场价格是毫无关系的。一幅艺术价值极低的作品，也可能具有极高的商业价值。

因此，无论是一个人，还是一群人，都没有资格确定艺术标准。更重要的是标准本身的问题。大城市里的孩子看过很多现代艺术展，对于什么能够作为艺术品这一点持开放态度，他们知道杜尚，知道达达主义以及超现实主义。因此，很多孩子认为，没有什么不能成为艺术品。小便池、单车轮、破铜烂铁都可以放进展览馆，还有什么不可以呢？露西·利帕德认为，艺术品的"去物质化"是观念艺术的关键。观念艺术的兴起挑战着传统艺术大厦的权威，以往观念里的那些艺术标准都被观念艺术家挑战。对孩子们而言，《泉》可能只是一幅作品，但更重要的是它代表了一种新艺术。

艺术，最重要的不是风格或表现形式，而是观念本身。它代表的是质疑者与革命者，对他们而言，标准是什么不重要，没有标准比什么都重要。

2.9 性别：对男生心狠手辣，对女生心慈手软，谁被歧视了？

一、大黑讲故事

对中国人来说，清明节是非常重要的节日。小时候，我最期待的活动是宗族的集体外出祭祖。全村的大小朋友老中青分成几路队伍，从宗祠出发，由几个大人分别领着，各自坐上拖拉机。大家挤成一团，一路颠簸，一路闹腾，去寻找散落在各个山头的墓地。

由于南方天气多雨水，山路荒草丛生，一年下来难以辨识墓地的位置。但凭借大人的记忆，小的跟着大的，大的扶着老的，一路跋山涉水，斩棘开路，最终找到墓地。把准备好的饼干、干果等供品奉上，清扫墓碑，焚香点烛，烧纸钱，放鞭炮，然后折返再寻下

一处墓地。在整个过程中,最开心的时刻就是大家分享供品。大家争着要可乐和水果,对孩子们而言,这是长途跋涉后的享受时刻。大人则是点燃一根香烟,拥有片刻的宁静。祭祖活动不知不觉中维持着往生者与未来的年轻人之间的关联。

　　随着我逐渐长大,尤其是进入初中之后,我开始觉得困惑:为什么清明祭祖活动中女生的身影如此稀少?后来,我才渐渐了解到,在农村的传统观念中,女性被排除在乡村宗祠的血脉传承之外。对于性别问题,同学们是否也存在类似的困惑?

二、大黑小白对话录

大黑：前几天，我在厕所门口遇到了一男同学，他兴冲冲地对我说："老师，你给我评一下理。上体育课，女生跑了两圈觉得累了，就躲到大树底下，男生跑了四圈，满头大汗，老师却要我们坚持。体育老师是不是太偏袒女生了？"此时，他们班的女生也把我堵厕所门口了，说体育老师瞧不起她们女生。这真是个大问题啊！对男生"心狠手辣"，对女生"心慈手软"，这究竟是歧视女生，还是歧视男生？

小白：哈哈，我们学校也是这样的呀。体育老师对男生要求很高，对女生要求比较低，双重标准啊！很多老师对男生还特别严厉，犯一点小错误，就要批评；女生犯了大错误，一撒娇，老师就会原谅她。每次跑步的时候，男生跑外圈，女生跑内圈，男生是更辛苦的。而且，在学校里，基本上都是女生欺负男生，老师从来都是不管的。反过来，男生欺负女生，就会被老师骂。还有啊，男生和女生玩儿的时候，老师会让男生先排队，男生自由玩耍的时间就更少了。这些都是对男女的差别对待，就是歧视！

大黑：差别对待一定是歧视吗？

小白：也不一定。某些差别对待是因为某些实际原因，不可避免。

大黑：你能举个例子吗？

小白：男生跑女厕去上厕所肯定不对。男生上男厕所，女生上女厕所，这就是必要的差别对待。

大黑：对。我看过网上有些人就呼吁学校应该多设置女厕蹲位,也是考虑了男女的如厕方式不同的问题。

小白:是啊。公共厕所排长龙解手永远都没有男生的份儿,都是女生在排队。

大黑:是要设置多一点女厕才是公平的。那什么才是歧视呢?

小白:举个例子,白人看不起黑人,公交车上白人要坐在前面,黑人要坐在后面。白人比黑人优越的看法,就是肤色歧视。

大黑:非常好!毫无理由的差别对待,不合理地划分界限,就是歧视。

小白:体育老师的差别对待是不是也有合理性呢?

大黑:体育老师有差别地对待男女,给男生女生分别设置了不同的运动量,是不是因为女生的运动能力天然就比男生差呢?

小白:从生物学上讲应该是的,但具体来看,网球高手李娜的体能比我强,这也很正常。

大黑:有道理。李娜是女性运动员,你只是个初中男生,单纯看性别并没有可比性。

小白:但是,李娜跟费德勒比,那肯定是费德勒体能更强,这是生理上的性别差异。

大黑:中小学生基本上还是未成年人,女生比男生更早熟一些,所以,这时候的男生没有比女生强,是很自然的。就像你说的,在学校里女生是经常欺负男生的。

小白:是啊。我就说嘛,在学校里,男生只有被歧视的份儿。

大黑:对欺凌事件而言,确实没有男女差异。女生霸凌男生,男生霸凌女生,两者性质都是一样的。管,那都得管。但是,对你们初中生而言,五圈相当于一公里,超出了正常女生的能力范围了吗?

小白:肯定没有呀。

大黑:严格要求还是降低标准,哪种方式对学生更好?

小白:那肯定是严格要求好咯。因为如果长时间地降低了对女生的期待和标准,她们最终可能就真的比男生差了。

大黑:严格要求,身体可能会难受一点,但长远看,足够的训练却有助于保持健康,提升运动能力。你觉得对吗?

小白:对的。

大黑:降低标准,过低的训练要求,这对受教育者来说,是好事还是坏事?

小白:当然是坏事咯。看不起女生,把女生看得更低,认为她们能力更弱,降低了对女生的期待和标准,久而久之,她们就真的比男生差。

大黑:是的,这就是社会上的刻板印象导致的性别不公。有人认为,歧视未必包含恶意。比如,体育老师确实更加体恤女生,对她们是真的比男生好。他可能把女生看成应该被特殊照顾的群体,这种看法是不是出于好心?

小白:好心是没错,但最终可能导致对女生的不公平。

大黑:等于好心办了坏事。

小白:对呀,没有恶意的,但贬低了女生,女生得不到足够的训练。

大黑:女生就该文静,女生不要去踢球,女生就该被保护起来。这些观念都是没有任何恶意的,但是却排除了很多女生发展的机会,久而久之,弱女子就成了事实了。

三、主题解析

> 问题引导：名字有性别之分吗？我们为什么会觉得某些工作更适合男孩或女孩？为什么有些玩具被认为是"男孩玩具"或"女孩玩具"？这对我们有影响吗？为什么有些运动被认为是男孩或女孩的运动？每个人是否应该有机会参加任何他们喜欢的运动？
>
> 参考素材：木兰替父从军的故事、《玛蒂尔达》（罗尔德·达尔 著）。

长久以来，性别偏见在大众观念中根深蒂固。女性的解放是现代社会道德进步中最重要的一项。尽管平等几乎成为全球共识，但性别平等仍然是未实现的理想。很多人认为女性不适合成为领导者、企业家、政治家。这种观念客观上影响着社会主流意识，也不可避免地影响着教育，塑造着女性的自我认知。许多女生甚至认为，"原来我不如男生"，"很多事情，我是不能做的"，"这件事应该由男生来做"。

在多数欠发达地区，性别歧视普遍存在。在欧美发达国家，性别歧视可能以更隐蔽的形式存在于社会及人们的意识中。

当然，讨论性别歧视时，我们需要对其做一个基本的界定。在日常生活中，我们常见到各种各样的歧视现象。有些是真正的歧视，而有些看起来像歧视却并非如此。例如，小婴儿从未见过黑人，看到黑人后会大哭，这种行为可能让黑人感到不适，但并不是歧视。婴儿通常会对陌生事物产生惊慌，与歧视无关。因此，有人认为，歧视必须是刻意为之，具有主观意识的行为。举例来说，辱骂人并用"矮冬瓜""黑鬼""娘炮"等词,才是真正的歧视行为。一般来说,仅仅因为肤色、语言、种族、地域等因素,有意识地采取对当事人不利或损害其利益的行动,才算是歧视。

显然,这并不是一个完整、全面的定义。有时候,即使没有明确的主观意识,人们的言行也可能表现出歧视。例如"你怎么这么像个女孩子",说出这句话的人并不一定对女性有明确的歧视意识。

有人认为,歧视就是差别对待,但两者并不完全等同。以张三跑进女厕所,被李丽推出来为例。张三可能会抗议李丽歧视他,因为她不允许他进入女厕所。然而,这显然荒谬,因为男女之间的差别需要有所区分。如果你主张女厕所应该多设一些,因为女生应该得到公平对待,不能总是排队等待,那么,这也是在呼吁性别平等。

简而言之,歧视就是在不应该有差别对待的情况下,对别人进行了不同的对待。然而,为什么歧视是错误的呢?有人认为,歧视行为针对的是无法改变的特征,比如肤色、性别等。由于没有人能够改变自己的先天特质,所以不应该因此而受到不同对待。

假设科学家发明了一种价格低廉的特效药,每个人都可以轻松地获取并自由改变自己的肤色,那么,肤色歧视是否在道德上就变得可以接受了呢?答案显然是不可以。因此,无法改变的先天特性并不能成为反对歧视的理由。

虽然许多人认为歧视是无端地区别对待他人,但我们是否可以找到一些看似有理由的歧视行为呢?这是有可能的。比如,一个广州的酒店不向黑人出租房间,原因是如果有黑人入住,其他客人可能会选择离开。酒店老板为了维持生意,就拒绝让黑人入住,虽然这看似是出于经济利益的考虑，但实际上却是明显的歧视。

你可能会认为，如果歧视持续存在，男女就永远无法实现平等。那么，为何男女平等如此重要呢？原因在于，随着社会的进步，平等已经成为基本的社会准则，歧视违反了这些道德准则，伤害了女性，侵害了她们的权利。这可以看作道德原因，但它并没有直接回答问题。歧视首先是侵害了被歧视者的权利，侵犯了他们的自由，侮辱了他们的人格。

从社会意识的角度看，每个人都可能无意识地带有某些性别偏见。如果这被视为歧视，那么受害者就是所有女性，而歧视者则是那些无意识地认为女性不适合担任CEO的人，他们潜意识里认为，女性的工作能力和领导能力不如男性。

请注意，并非所有的歧视行为都是直接的，也存在不那么直接的歧视行为。

举例来说，在世界范围内，女性消防员是比较少见的。这在许多人看来似乎已经成为常态。事实上，消防器材的重量和对身高、力量的高要求确实排除了大部分女性。消防工作因此变成了只有部分男性能够胜任的工作。许多人甚至认为，消防员招聘启事上写着"要求男性"也是合情合理的。

然而，为什么我们在生产这些消防器材的时候，不能做小一点的呢？这就是问题所在了。招聘单位可能并没有歧视意图，然而，如果岗位配套的条件存在性别歧视，那么这就构成了我们所说的社会性歧视。

这太常见了，而且非常要命。2020年，武汉疫情紧急的时候，医护人员缺乏防护设备，中国各地的物资都飞到湖北去了。医护人员应对疫情最重要的设备就是防护服。防护服要求非常高的封闭性，才能把病毒挡在防护服外。尽管安全，却让医护人员感到极度不适。坚持穿两个小时已经很了不起了，四个小时则是极限。然而，在那一段特别时间里，医护人员一穿可能是八个小时以上。而这样的防护服几乎都是超大码和大码，最小的175码。那些身高低于175cm的医护人员，尤其是个子小的女医护人员，穿上去就像Baymax（大白），虽然可爱，却更加危险。显然，不合身的防护服增加了医护人员的暴露风险和安全隐患。

所以，有人说，我们生活在一个以男性数据作为基础的世界中——这种数据上的偏见给女性的工作和生活带来了种种不便，甚至对女性的健康和生命构成了威胁。

2.10 公私：偷与拿的边界

一、大黑讲故事

我的邻居肠仔有一种潮汕人天生的野。我记得那次他满手泥巴，捏起一个生蛇胆，伴一口烈酒，就那样一口送下。后来，我们家也杀蛇泡酒，以肠仔同样的姿势，却把蛇胆在口中弄破，满口腥苦，吞胆未遂。他的野劲儿，我是怎么也学不来。

有那么一次，邻村的黑叔提着锄头，怒气冲冲地走来，大家都知道是为了什么。肠仔和那群孩子吃了黑叔家的"老妈种"番薯，好几十斤呢。那番薯，甘甜得可以滴出蜜来，是我吃过的最好吃的番薯。黑叔给的规矩是，拿走一两个没关系，多了就是过分了。回到家，我妈妈告诉我，一两个是拿，多了那就是偷。真的是这样吗？究竟什么才叫偷呢？

二、大黑小白对话录

大黑：什么才叫"偷"？

小白：肠仔的做法就是偷。

大黑：未经允许拿走别人的东西。

小白：对。没有经过黑叔的允许就拿走了"老妈种"番薯。

大黑：上周我在教室的垃圾桶旁边看到了很多脏橡皮，感觉就像是没人要的，我能拿吗？

小白：他们把橡皮丢掉了，不要了。虽然也没有明确说要给你，但你拿走它难道也是偷？

大黑：没说要给你，你就不能拿。

小白：明明丢在垃圾桶里面了。

大黑：在垃圾桶里也可能是掉了，被扫入垃圾桶里，并不是所有在垃圾桶里的东西都是无主的。假如你在公共垃圾桶里找到一个钱包，里面有一百元，你会拿吗？

小白：我不会。但是橡皮很脏啊，一看就是没人要的。

大黑：干净的橡皮估计就不能。大多数情况下，我们不把它当垃圾的东西，就需要再三确认。

小白：不值钱的东西呢？

大黑：它躺在垃圾桶里，应该是默认可以拿的。但是，如果是在别人家里的垃圾桶，那你是不能拿的。

小白：垃圾的所有权还在别人家里，但如果倒进公共垃圾桶里，那你或许可以拿走。

大黑：按道理，我拿黑叔的番薯也算偷。不能因为数量少、价值低就不算偷，只要它的所有权没有被转移，就是偷。征得同意再拿或购买，就是一种转移所有权的方法。所有权、生命权都是人的基本权利。

小白：如果亲人重病，医药费高不可及，而你无法通过常规的合法的方式获得，那么你能铤而走险，偷钱救人吗？

大黑：如果钱财明确是属于其他人的，偷了当然是不为法律所允许。所有权是明确存在的，但是是别人的生命权更重要，还是我的所有权更重要，这当然可以讨论。

小白：一条命跟一百元比，哪个更重要？

大黑：当然是人的生命更重要。

小白：如果偷一百元可以救活一个人，那么我是不是应该偷呢？

大黑：不对。一百元应该用于救人，但这不意味着你可以偷一百元，偷盗行为是不对的。所有权本身是无价的，所以说，偷钱救人，问题的关键在于偷，而不是偷多少的问题。

小白：没有主人的呢？能不能随便拿？比如后山的土。

大黑：如果后山是无主的，那么那里的土是可以取用的，但是不能影响别人的使用，这是前提。

小白：能不能这样理解，空气也是随便用的，但是你要是用太多，影响别人呼吸新鲜空气了，那就不行了。

大黑：使用过多的空气这种说法有点奇怪。如果空气像沙漠中的干净水源那样珍贵，那么过度使用或许会成为一个问题。但现实生活中，往往是排放污染物所导致的大气环境问题。

小白：无主的空气变成稀缺资源，就像大家抢夺制氧机一样了。制氧机也是私有物品，偷制氧机就是为了干净的空气嘛。

大黑：我很好奇，小孩子有所有权的想法吗？他们可能就像原始人一样，并没有私有观念。

小白：三岁以前的小孩都没有所有权的想法，所有东西都是他的。我小时候就是这样。我看到的、想要的东西都是我的。

大黑：这个不是没有所有权观念，而是所有的东西都归他，整个世界所有的玩具都是他的，看到的都要抢过来。

小白：太小的孩子未必清楚所有权的意思。但是，有意思的是，我弟弟就只拿我妈妈的手机玩，却从来不拿我爸爸的。可能他真的能够区分妈妈的和爸爸的。

大黑：也可能是因为妈妈拿着，他更喜欢妈妈而已。爸爸妈妈两个手机都可以玩，但他却只玩妈妈的，不玩爸爸的。他的心里可能有"所有权"的想法，认为爸爸的不能拿，妈妈的可以拿，这是有区别的。

小白：设想他前几次拿了爸爸的手机挨打了，他选择妈妈的，可能是妈妈更容易满足他的要求。这是个学习过程，知道妈妈这边能够满足他玩手机的念头，而爸爸不能。这种情况并不意味着他具有所有权概念。

大黑：有道理。经过训练的猎犬，只吃驯犬员的食物，而拒绝其他人提供的食物，这更大可能是基于训练，而不是基于所有权的认知。

三、主题解析

> 问题引导："偷"和"拿"有什么不同？为什么有些拿的行为被认为是偷？在什么情况下，拿别人的东西会被认为是偷？如果没

有被发现,还算偷吗?如果没有得到允许,拿别人的东西算是偷吗?如果你没有得到别人的同意,但你知道对方不会介意,这样的行为是偷吗?如果你是为了帮助别人而拿东西,这样的行为还是偷吗?在什么情况下,偷东西是可以被理解或原谅的?如果你非常需要某样东西但买不起,拿了它算是偷吗?这样的行为可以被原谅吗?小孩子拿了别人的东西,但他们不知道这样做是错的,这样的行为算是偷吗?如果你误拿了别人的东西,但事后才发现,这算是偷吗?

参考素材:"中国第一神偷"罗永正的故事、罗宾汉的故事、《基督山伯爵》(大仲马 著)。

偷与拿之间的差别究竟是什么?偷的定义究竟是什么?

有人认为,偷就是没有经过允许,拿了别人的东西。这很好理解,但这个定义可能过窄了。比如,如果张三允许李四拿刘五的纸,而李四悄悄地取走了刘五的纸,这应被视为偷窃。很明显,纸张是刘五的,他的允许才是关键,而不是张三的。因此,偷的定义应该修改为:没有经过拥有人的允许,拿了他的东西。对这个定义,有同学反对:当着李四的面,拿走他的东西,就不叫偷了,而是抢。因此,"偷"更全面的定义是:没有得到物品的真正拥有者的允许,且在其不知情的情况下,拿走了其物品。

以上的定义主要针对私有物品。但如果我们转向公共物品或是自然中的无主物,会发现情况并不完全一样。以泥土为例,土有两种,一种是有主的,一种是无主的。对于有主的,一定要经过主人允许才能拿;对于无主的,那就不算偷,只要不浪费,原则上是可以允许的。显然，口香糖不是自然物，但它归超市所有。付款相当于取得超市同意，不付款拿走，就是偷窃。

偷窃行为首先需要被定义。而其涉及的数量，只是用来衡量其严重程度的。只有先确定了取土是否算偷窃，才有必要再进一步确定其严重程度。因此，从概念上说，偷窃的裁定并不取决于偷窃量。当然，"多少"是比较性的概念，也是模糊的，类似的还有高低、大小与强弱等。若我们想要精确描述偷窃，那么使用模糊的概念对之做描述无疑是不恰当的。在挖土例子中也是一样的。以量的多少来衡量行为的严重程度也是不恰当的。更合适的做法，应该是以所取物的价值或者价格大小来确定行为的严重程度。举例来说，1克钻石的市场价格要远远大于1吨普通泥土的价格。

泥土尚未被人占有之前，它仅仅是自然物，而口香糖是加工品，它必定是所有物。一般来说，当自然物未被占有时，任何人或动物都有权使用，只要你对这一自然物的占有并不妨碍其他人（或者动物）对它需求的满足。若有人将后山的沃土全部挖走，只留下贫瘠的黄土给其他人，那他显然妨碍了他人的使用权。但是，我们似乎不会将这一行为称为"偷"，因为自然物并不归属于任何人。如果这些自然物归所有成员共同拥有，那么，无论拿多拿少，他都是在实施偷土行动，即偷取公共利益。

我们之前的讨论集中在泥土与口香糖这样的有形物品上。然而，值得注意的是，偷窃也可以涉及无形的物品。例如，小偷也可以偷别人的点子，窃取别人的创意。考试作弊，偷的是别人的答案。实物的偷盗有时候难以追查，而剽窃他人思想更难被发现。并不是所有的偷窃行为都是犯法的，也不是所有的偷窃行为都会得到法律制裁。有些偷窃的行为很轻微，算不得违法，即使违法，也很少有人愿意依法论处。还有些偷窃行为手法高超，破案困难，导致盗贼得以逍遥法外。

当我们对"偷"这个概念进行深入思考时，我们可能会遇到一些传统观念所不能完全涵盖的复杂情境。想象这样一个场景：在一个安静的书店里，你无意中发现了一本你饥渴以待但又价格不菲的书。此时，你突然记起，你有一个特殊的能力——仅通过手的触摸，就可以完美复制任何物品，并且不会对原始物品造成丝毫伤害。在权衡片刻后，你决定运用这一能力，复制了这本书并带走，而书店的那本原书仍旧毫无损伤地放在书架上。

在这种情况下，我们是否可以说你"偷"了书？书店的损失为零，因为原书尚在。但你确实带走了一份你未付款的书的内容。这个思考挑战了我们对"偷窃"的传统理解。如果基于"对他人财产造成损失"的定义，你并未偷窃。但如果我们定义偷窃为"未经许可获取物品或利益"，那你的行为似乎满足了偷窃的条件。

进一步地，考虑到你可能侵犯了作者或出版社的版权，这就涉及更为复杂的版权和道德议题。这个思想实验为我们展示了，在数字化时代，偷窃和非法获取的边界越来越模糊，值得我们进一步探讨和反思。

元宇宙时代的 未来哲学

3.1 人格同一：去火星旅游的张三是幸存者吗？

一、大黑讲故事

2080年8月8日，SpaceM研发出了Mbus宇宙飞船，这是人类航天史上的伟大时刻。从此，火星旅游不再是富人的梦想，而是普通人的日常。人们乘坐Mbus，可以穿梭于地球与火星之间。Mbus的优势在于，旅游费用更低，速度更快，体验更极致。

当Mbus航线开启之后，在试乘一次后，张三立即购买了年卡，成为首批正式乘客。这种感觉实在是太棒了！随后，几乎每个周末，他都是在火星上度过的。

某个周五傍晚，张三下班，准备搭乘Mbus。跟往常一样，经过了一周的高强度工作，张三坐上了Mbus，准备出发，他还预订了Mhotel的落日晚餐。但是这次奇怪了：按钮按下后，Mbus却纹丝不动。更糟糕的是，自动驾驶的Mbus的灯光全部熄灭了。看来是出故障了。张三寻思着乘坐另一台Mbus，但看了一下班次，下一班车是凌晨1点出发，太晚了。无奈之下，他转身返回自己的单身公寓。张三的父母在他读高中的时候就去世了,他早已习惯了独处的生活。他回到家里,打开一本人类探索外太空的书。看着看着就睡着了。

第二天早上,一阵脚步声将他从睡梦中唤醒,随后门打开了,一个人走了进来。那个人看着他,他也看着那个人。一模一样!两个人各自拿起电话报了警,警察来了之后,似乎并不觉得诧异,把两人带到了警察局。准备录口供的时候,张三1(在家看书的张三)胸口一紧倒地昏迷过去了。再睁开眼,张三1发现自己已经在医院了。旁边的医生写了病危通知单,张三1看到单子,想到自己只剩下一个月的时间,竟不知所措。

原来,SpaceM最近出了几起事故,跟张三遇到的情况是类似的。Mbus的系统故障导致了张三1的心脏发生了不可逆的损伤。

SpaceM的经理走到张三1的病床前,把长达一千多页的合同递过去,上面签着张三的名字,但他从来没有仔细看过条款。实际上,Mbus项目并不是一般意义上的旅游,而更像是"复制人"项目,把旅客身体全部扫描一遍,然后就地毁灭,扫描数据在火星上同步上传,重新复制。然而由于过程极其迅速,旅客并未感受到任何不适,从地球到火星的过程实现了无缝衔接。类似张三1的故障发生率只有十万分之一,现在,根据合同,张三1可以获得300万美元赔偿金。

张三1接过支票,他从未拥有过这么多财富,然而他感到了迷茫。如果他只剩下一个月的时间,那么这些钱还有什么意义呢?与此同时,旁边的张三2(从火星上回来的张三)看着这张支票,心里在想,张三1是不是应该把这些钱分一半给他呢?

请问,谁才是真正的张三?[1]

---

[1] 故事改编自 Parfit.D., *Reasons and Persons*, OUP Oxford, 1984。

二、大黑小白对话录

小白：我觉得两人都不是。原来的张三应该在第一次火星旅游的时候就死掉了。

大黑：也可能是死后在火星复活。

小白：那是另一个人。

大黑：有没有可能两个人都是？

小白：两个人都是的话，很奇怪。

大黑：举个例子，如果张三换成你妈妈，妈妈每天去火星旅游，一切正常，心脏毫发无伤，你真的觉得眼前两个人都不是妈妈吗？相反，你可能认为两个都是。因为她对你都是同样好，记得你所有的事情，包括你的各种饮食偏好，两个人没有任何不同，怎么不是妈妈呢？

小白：我觉得还是不同。比如番茄炒蛋这个菜，妈妈炒的跟机器炒的是不一样的。即使吃起来味道一模一样，但也是不同的。

大黑：两盘菜看起来一样，吃起来毫无差别，送去检验也没有任何不同，那么，妈妈炒的跟机器炒的就是一样的。你觉得哪里不同呢？

小白：反正就是不一样呀。上次我生日的时候，甜甜送了一个飞盘给我。但是，这个飞盘，我也可以自己买到同款的，但就是不一样呀。

大黑：两个妈妈，身体是一样的，记忆也相同，性格更没有任何差异，那不就是一样的吗？

小白：一样，但是不是同一个妈妈呀！

大黑：什么意思？

小白：你的手机是苹果8，我的手机也是苹果8，那么我们两人的手机是一样的。但是它们肯定不是同一个手机，对吗？

大黑：对。

小白：火星上的张三跟地球上的张三就像两部同时出厂的苹果8手机一样，基本上是一样的。但火星上的张三明显是地球上张三的克隆体。因此，同一与相同是有差异的两个概念。

大黑：没错，这我不反对。两个张三其实并不一样，地球上的张三心脏坏了。从完整性来看，火星上的张三更可能是真正的张三。

小白：完整性是什么意思？是哪个身体更健康完整吗？那如果妈妈生了大病，难道她就不是妈妈了吗？

大黑：那要看什么病。如果她得了精神疾病，性情大变，甚至失忆了，那她就有可能不是原来的那个人了。

小白：即使心脏坏了，张三也还是张三呀。你的左手大拇指受伤了，但是受伤的手也还是你的手。大脑受伤了，精神出了问题，就是灵魂坏掉了。两个张三的大脑都没有问题，能说是一个张三的灵魂，两个张三的身体吗？

大黑：嗯，你说的这种情况，人格分裂的人可能就是这样，两个灵魂居住在同一个肉体里。但是，两个肉体一个灵魂，是指张三同时控制两个肉体吗？就像我拥有两只手一样，经过火星旅游事故，张三由此多了一个肉体，是这样吗？

小白：好像是这样。

大黑：那火星张三进门与躺在沙发上的地球张三，彼此之间怎么会诧异对方的存在呢？事实上，地球张三不知道火星张三的存在，而火星张三也不知道地球张三。设想，左手放在口袋里，右手准备去拿一盘热菜，不小心烫到了，右手嘀咕："左手去哪里了？怎么不出来当帮手，赶紧拿湿毛巾啊！"

小白：哈哈，手又没有独立的意识。

大黑：双手都是我们自己控制的。同样的道理，两个张三都是由一个灵魂控制，也就是一个意识控制的话，两个人怎么会因为撞见对方而感到吃惊呢？

小白：嗯，那我觉得应该是两个灵魂，两个肉体。火星张三是复制品，肉体是再造的，整个都是人造的。真正的张三本体在第一次前往火星的时候就被杀死了，没了。每次搭乘Mbus就被杀死一次，太恐怖了。

大黑：但是张三明显很放松呀，他真的把这当成旅游了，他没有任何痛苦。

小白：进入Mbus的时候，张三瞬间被毁灭了，比打麻药还无痛，死了肯定感觉不到痛呀。

大黑：设想一下，如果搭乘Mbus的旅客在尚未到达火星前都会伴随剧痛一分钟。

小白：张三死亡前的疼痛被放进了火星张三的脑子里去了。火星张三只是一具肉体，脑子也只是肉体。精神还是在原来的张三那里。

大黑：你的意思是，死亡所伴随的疼痛记忆一并被上传到复制品的意识之中。从复制品的视角看，每次剧痛一分钟只不过是火星旅行的必要代价，但是从客观上看，复制品只是一个替身，被牺牲的替身。

小白：一个是身体，一个是意识，有意识的才叫作人，光有身体不叫人。

大黑：肉体和意识都是人不可以缺少的构成。你有意识，没有身体，大脑就无法实现功能。

小白：意识要靠身体，说话要靠嘴巴，没有嘴巴，像霍金一样，也可以说话。意识就像一段程序，大脑就像一个机器，一个没有程序的机器不算真正的机器。

大黑：按照你的说法，意识是最重要的，它决定了张三的存亡，对吗？

小白：是的。

大黑：那Mbus也只是消灭了张三的肉体，意识的所有信息都传到火星上去了，肉体既然不重要，被消灭了也就不算死亡喽。

小白：好像也是。

大黑：如此一来，火星张三和地球张三都是真正的张三。

小白：同时存在两个张三，不是很奇怪的事情吗？

大黑：设想，在同一个时空中，同时存在两个"我"，就像平行宇宙中，两个真的"我"撞到了一起。

小白：那每个人的独一无二性就消失了。

大黑：同卵双胞胎出生的时候也是一模一样的。

小白：但是他们的成长经历有差异。独一无二很重要，每个人都应该是独一无二的。

大黑：Mbus是克隆人项目，不是火星旅游，不是真正的旅行。真正的旅行应该是把人运到火星，亲身体验火星生活。既不是带上VR设备假装到了火星，也不是复制一个人造人代替你去看火星日落。如果把Mbus项目改造一下，不再杀死搭乘的乘客，而是不断地复制他们，比如设想生活中有很多个张三，像孙悟空有无数个分身一样，这难道不是很恐怖的事情吗？

小白：嗯。看《西游记》的时候觉得很酷，但成了真的就好可怕，肯定会造成很大的麻烦。但是意识真的能复制吗？能扫描得出来吗？

三、主题解析

问题引导：复制人是人吗？存在多少个张三？谁是原来的张三？世界上存在两个一模一样的东西吗？你能举出例子吗？张三真的能够被"复刻"吗？两个一模一样的身体就意味着是同一个人吗？如果不是的话，张三1与张三2的差别在哪里？张三有灵魂吗？所有的张三都有灵魂吗？

参考素材：电影《致命魔术》《月球》，《西游记》里孙悟空的分身术。

哪个才是真正的张三？是张三2，还是张三1？两者都不是，还是两者都是？从意识的连续性来看，相比张三2，张三1是没有成功"飞"去火星旅游的人，他跟坐上Mbus之前的张三更接近；从身心的相似性来说，张三1是需要被毁灭的人，张三2则保留了张三身体的完整性，更接近原来的张三。但是，考虑到张三1和张三2的旅行历史，两者则都不是。原本的张三早已在第一次旅行的时候就被毁灭了。当然，你也可能会认为，第一次被毁灭的张三只是在时间上先于其他版本的张三,并不意味着只有他才能叫作"张三"。按照这个逻辑,实际上,每一个都是张三。

有些同学可能觉得,火星旅游里的人格同一性只是个思维游戏罢了,谁是真正的张三并不重要。

我们不妨做进一步的假想。

从火星归来的张三2与收到病危通知的张三1起了争执,为了赔偿金大打出手,张三1错手打死了张三2。那么,张三1杀了谁?张三2的死算他杀,还是自杀?

如果张三1和张三2只是张三的复制品,那么这似乎成了复制人谋杀案。杀复制人属于杀人吗?在道德地位上,复制人跟人一样吗?复制人是否具有承担道德责任的能力?如果张三1和张三2都是张三,那么张三似乎算是自杀。他活着,同时,他也死了。他成功地杀死了自己,同时又幸存下来了。这难以解释。

实际上,人格同一性是重要的。在实践领域,人格同一性问题有可能引发严重的伦理困境。在没有外力胁迫的情况下,一个人应当为自己过去的行为负责。如果过去的张三与当前的张三并非同一个人,那么当下的张三似乎就没有理由为过去的张三的行为负责。就像李四犯罪了,张三不能当替罪羊一样。因此,道德责任的归属问题依赖于对人格同一性的认定问题的解答。

换句话说,道德责任的归属实际上预设了责任主体在人格上的同一持续。

那么,对孩子们来说,人格同一性的证据可能有哪些呢?

"身份证!"在通常情况下,身份证保护了必要的个人信息,使得人们能够确认张三是张三。但是,身份证、血型以及基因只是辨识个人的外在标志，这些标志本身并不是人格同一性的证明。

作为识别标志，它所指向的只是个人的身体，身体是人格同一性的条件吗？身体不变，证明同一性就不会变吗？

显然，身体每天都在经历着变化，但某个东西的变化恰恰预设了它本身的同一。不同的东西，并不涉及变化问题。举例来说，盘子里有一个苹果和一个梨，放置了10天，梨烂掉了，你会说梨变质了。但我们不会指着梨说"苹果怎么变成这样了"。有同学说道："头发这些并不能代表事物的本体，男生留了长发，就像改变了一个人的手一样。"在他看来，只有最主要的东西的改变才会改变人格同一性。而人最主要的是大脑，大脑一旦发生根本性的改变，则生命个体就改变了。

正如现代科学所揭示的，大脑是意识活动发生的地方。对比自然界中的其他生物，人能够进行各种复杂的情感交流，从事高强度认知活动，都依赖于发达的大脑。

然而，跟身体的大部分器官一样，人的大脑每天都在新陈代谢，新细胞替代旧细胞，无时无刻不处于变化之中。十年前的你与今日的你，大脑里的脑细胞应该绝大部分都是不同的。赫拉克利特说，人不能两次踏入同一条河流。河流在变化，踏入河流的人也一样。即使河流不变，前后踏入河流的人也必然不同。

大脑本身或许也不是维持人格同一性的标准，而"居住"在大脑里的灵魂才是。有同学提出，个人的灵魂才是保持人格同一性的关键。"我认为灵魂不会变。肉体会改变，一个人遭遇了一场火灾，被烧伤了，容貌会变，但是他还是自己。思想也是会变的，环境影响着每个人，每个人的想法都在变化。但是，他的灵魂是不变的。"

换言之，身体只是躯壳，大脑是灵魂的栖居之地。在中国的民间传说中，人去世后，喝了孟婆汤，跨过奈何桥，前世记忆会全部消除，从而进入全新的人生。而灵魂是不朽的，在不断地转世中得以永恒。只要死者生前做足好事，炼狱的苦难自然可以避免。这种朴素的道德观念包含着人们对未来与道德图景的美好想象。但灵魂是什么样的？有质量吗？能否脱离肉体而存在？有数量吗？这些问题，我们都无法做出清晰的回答。而"灵魂"也因为它带有实体化的倾向而逐渐被"心灵"与"心理"等概念取代。

不妨设想，上帝有一天来到流浪汉张三面前，许诺他提前五十年终结年轻的生命，转世投胎担任法国皇帝，前提是必须把记忆全部擦除。请问，张三应该接受这个诱人的选项吗？

流浪汉的艰苦人生即使再长，可能也比不上法国皇帝一天的生活幸福。如果把张三跟法国皇帝的人生连起来看成整体的话，那么拒绝皇帝的人生似乎是不智之举。但是，张三没有理由相信那个所谓的法国皇帝就是他自己。从张三的视角看，他可以这样认为：张三早逝，李四当上了法国皇帝。这似乎并不存在不一致的问题。毕竟，如果缺失了记忆的关联性与连续性，那么两者不能说存在着关联，而仅凭神秘灵魂概念是不足以支撑同一论断的。

回到主题，你认为真正的张三在哪里？

3.2 基因技术：你愿意自己的孩子是基因超人吗？

一、大黑讲故事

在2180年，生殖细胞基因编辑技术已经很完善了，游走于各国法律禁地边界的疯狂科学家X，正在寻找愿意接受基因优化技术改造的新生儿。只要你同意，科学家X将免费为你量身定制子女，完美无瑕、智勇超群的超级后代将触手可得。要是你生活在2180年，你愿意为自己出生前的孩子做基因编辑吗？

假如愿意，现在有两种套餐可供选择：

套餐A预防并治疗大部分疾病；

套餐B性状增强，提升身体与智力潜能。

那么，同学们，你对于基因编辑有什么看法呢？你对于基因改良技术又有什么样的哲学思考呢？

二、大黑小白对话录

小白：我才不愿意让小孩做这样的实验呢，即使技术再成熟，出错概率再小，一旦出现毛病，就可能是不可预料的风险。万一错了，不就死了吗？

大黑：小白，你的担心多余了，到了2180年，基因技术已经非常成熟了，风险可以忽略不计，编辑基因比剪头发还安全。

小白：你说得太轻松了，毕竟孩子是亲生的，即使只有万分之一的概率，摊上了就有可能出大事。我宁愿孩子笨一点，弱一点，差一点，也绝对不会让他们去做什么实验的。

大黑：你以后一定是个负责任的好家长。如果你查一下资料，你应该知道每年出生的婴儿是存在一定的畸形比例的，其中包括唐氏综合征患儿。唐氏征就是一种基因疾病，如果能够通过基因编辑技术改造，保证新生儿都是健康的，那么我们有什么理由不用这项技术呢？

小白：你说得没错。我的立场应该是同意套餐A，但反对套餐B。

大黑：设想一下，孩子大了，你要辅导作业，免不了鸡飞狗跳血压高吧。基因编辑的孩子不用上补习班，也不需要爸妈辅导功课。家长省心省钱身体好，家庭和睦，社会和谐，这样不好吗？

小白：不让父母操心是好事。不努力也能考A+，类似玩游戏加了装备，开了外挂，DNA让你厉害了，这可不是你自己的功劳。

大黑：是有点作弊嫌疑，但只要大家都公开，不偷偷摸摸，人人都可以成为爱因斯坦，这不是更好吗？

小白：如果人人都是增强人，人人都有爱因斯坦的大脑，这个世界的竞争不就更大了吗？就更"卷"了。普通人的生活还怎么过呢？

大黑：更"卷"是指竞争更激烈。小朋友一出生就有比较高的智力与体能潜力，这不是"卷"，而是更优。基因获得优化，人类走了一条比进化更好的捷径。而编辑后的超级人类也会一代代将优秀基因传递下去。

小白：这对爱因斯坦不公平吧？他是凭自己的实力做出科学贡献，拿到诺贝尔奖的，而其他人却是因基因超群而取得科学成果，这没法竞争了呀！

大黑：要是觉得不公平，那就不要跟基因超人比嘛。一代人比一代人更强，基因造就的新人类是普通人类无法比拟的。没有人要跟机器人比计算速度，跟豹子比赛跑步。基因超人解决了黎曼猜想，人类要为此丢脸吗？

小白：哈哈，你的意思是说基因人不是正常人吗？这小孩是"编"出来的，跟你根本不是同类，是被人"输入"了DNA，根本不是人类，像机器人一样，被编程了。

大黑：不能说全被控制了，也不能说基因人是被复制的。个人潜能的增强是有选择的，但父母并不能决定子女的未来，他们还是有自己的自由的。

小白：如果是我，我爸可能会为我加上篮球基因，因为他喜欢。但我喜欢足球，我可不想像姚明那么高呀。

大黑：嗯，有道理。这就好像送了一台新手机给你，预先装了一些软件一样。

小白：流氓软件。

大黑：关键是不能卸载。

小白：我想改都不能改。而且，如果我是基因人的话，我会觉得我是在科学家的实验里被制造出来的生物，跟自然成长起来的人不一样。

大黑：甚至会责备父母，设计了这样一个自己出来。

小白：自然成长的就没有这个问题。

三、主题解析

> 问题引导：你认为改变人的基因是对的吗？在什么情况下改变基因是可以被接受的？如果基因编辑可以治愈疾病，你觉得应该使用这项技术吗？为什么？你认为父母是否应该有权选择孩子的特征，比如身高、智力或外貌？为什么？如果只有富有的人可以使用基因编辑技术，这样公平吗？为什么？改变基因是否违背了自然规律？我们应该尊重自然还是尝试改变它？如果每个人都可以选择最好的基因，人还会有独特性吗？这种独特性重要吗？我们是否应该对动物和植物进行基因编辑？这种行为和对人类进行基因编辑有何不同？
>
> 参考素材：贺建奎事件、电影《蜘蛛侠：平行宇宙》、试管婴儿、优生学、杂交水稻、基因编辑植物。

本来没病，编坏了，反而得病了

虽然我一再强调"技术完善"的前提假设，但孩子们对基因编辑还是有很大的顾虑，担心技术风险，害怕出现错误而造成不可逆转的伤害。本来没有什么病的，做了反而得病了。在孩子们的眼里，正常出生的孩子，患疑难杂症的概率并不是特别大，基因编辑反而会增加患疾的风险。

在贺建奎基因编辑婴儿事件中，最有力的反对理由可能是，此次生殖细胞的基因编辑旨在预防艾滋病，而预防艾滋病并不需要通过基因编辑，因此，这是不必要的做法。事实上，贺建奎团队为人诟病的关键也是人为地增加了风险，给实验对象制造了巨大的隐患。

还有些孩子认为，自然进化是最优的选择，不能过多地人为干涉，因为人类根本不知道干涉后会出现什么恶果。也有孩子认为，经过基因编辑的孩子"可能没有人性"；当然，孩子们的担忧，更多是出于对基因技术的未知与恐惧，担心"编坏了"，后果不堪设想。

不过，忽略现实以及技术因素，孩子们同样可以抽象地讨论基因技术背后的伦理问题与道德困境。在不同的班级，孩子对基因编辑的态度是不同的。提到贺建奎团队基因编辑事件的班级，全班几乎是清一色对基因编辑表示反对；而没有提到该事件的班级，则有部分人是支持基因编辑的。

支持的孩子认为，疾病本身就是异常与缺陷，应该加以预防。即使是人类的医学技术可以攻克的病症，我们也没有必要等到孩子出生后遭受痛苦再去治病。因为这样既浪费钱，也让孩子白白受苦。他们认为应该只选择套餐A，而不应该增加套餐B。因为"身体最重要，病了啥事也干不了"，而"肌肉可以长大后再练，智力也可以慢慢提升"。对选择A的人来说，健康是基本条件，而肌肉发达、智力超群并非生活的必要条件。

然而,我们为什么要在治疗疾病与性能增强之间画线呢?于是,就有孩子进一步质疑,既然基因技术可以治病,那为何我们不能用它来增强自己呢?"你如果强壮了,抵抗力自然就上来了,而你十分聪明,还能研究更多的疫苗来造福人类,有了疫苗,其他人也不会得病。"有病要治,增强身体就是对疾病最好的预防。孩子们认为,人为地划定这一条红线,在技术上以及效果上是没必要的。不只如此,孩子们还想增强智力,让自己的孩子通过基因编辑,超越自然人,"智勇双全","让爸妈省心","不用辅导作业",更不用"上补习班","还能考试得A+"。而且,性状增强的孩子,未来更可能成为超级科学家,"提升国家新生儿的存活率","可以让孩子更快乐地存活下去",还可以研发新技术,造福全人类。支持基因编辑技术的孩子,大体上可以归结为技术崇拜者,对于其中的伦理问题与道德困境,并无过多思考。

基因超人是不劳而获,这对自然人不公平

基因超人的提法一出现,立马遭到了其他孩子的激烈反驳。反对者抨击基因超人是不劳而获,"他们生下来不是孩子,是博士,什么都知道,不用学习,是天才"。[1] 他们是"加了装备"的人。像打游戏开外挂一样,基因超人的人生是开了挂的人生。

基因超人不用像爱因斯坦那样通过自己的努力获得科学成就,他们轻而易举就能取得成功。孩子们认为,"这对爱因斯坦是不公

---

[1] 这位同学有个误解,基因超人并非一出生就能学富五车,ta只不过是智力条件好,学习轻松而已。

平的",爱因斯坦是凭自己的实力做出科学贡献的,而基因改良的科学家是通过"基因作弊"取得科学成就的。反对者还认为,"每个人都变成'基因编辑人'的话,当他们繁殖后代,地球就成了'基因超人世界'。但是,假如并不是每个人都被'基因编辑'增强的话,那么,自然人就会没有工作,'基因超人'有工作,非常不公平"。

面对自然人,基因超人有绝对的优势。同样的工作机会,是不可能落在自然人手里的。在体育竞技里,经过基因编辑的选手,拥有超强的体能,就像把兴奋剂提前打入胚胎之中,自然人根本无法赶超。因此,自然人与基因超人的竞争注定是不对等、不公平的。然而,值得思考的是,我们反对的是人为编辑而来的"天赋",却并不反对随机自然出现的天赋。在后天同等努力的情况下,有天赋的人与没天赋的人的竞争显然是不对等的,人们很少对此提出异议。

如果人人都是梅西,那么人人都不是梅西

当然,要解决不公平竞争问题,理论上似乎并不难。只要像音乐器乐比赛那样,设置专业组与非专业组,基因超人与自然人分开两组竞技,自然人可以参加基因超人组,挑战基因超人,但基因超人不允许参加自然人组。

这个问题也并没有困扰孩子们太久,他们继续论辩,试图理解基因超人的可欲性。反对者认为,能让你成为梅西的基因编辑技术,同样也可以让其他人成为梅西。"如果人人都是梅西的话,那么人人都不是梅西。"人人都能够通过基因改良而成为梅西,那么梅西之所以成为梅西的天赋优势就没了。[1]用孩子的话说："所有人都跑得快，第一就没有了。"还有孩子认为，成为基因超人，会产生"无竞争感"。

"无竞争感"这个提法很有意思。

一方面，相对自然人，基因超人有绝对的优势，能轻而易举地赢，因而不会产生竞技快感。"做事情没有挑战性，没有挑战就不会有成功的感觉，就不会很开心。"另一方面，基因超人之间的竞争，后天的努力退居其次，竞赛成了基因之间的竞赛，比的不是自然意义的体育，更像是"装备竞赛"，"基因装备"优者胜。基因装备，并不取决于基因超人自己，而是制作超人的科学家的"手艺"。这样一来，运动竞技对超人而言就是无谓的。

不止如此，基因超人的生活的意义性也很值得怀疑。有孩子认为，基因超人并不是通过自己的努力而获得成就的，而是天生就有超能力，是经过基因改造后的成果，他们创造出来的价值也不能属于他们自己。他们的所谓的"成就"只是加了"装备"的缘故，是DNA让他们厉害了，而不是自己的才能。

人格降级：被基因编辑的孩子，就像被编程的机器人

基因编辑讨论到这一步，孩子们开始意识到，基因改良的人生可能并不是值得过的。反对者这样回应那些渴望为孩子进行基因编辑的同学："这小孩是'编'出来的，跟你不是同类人，是被人'输入'了DNA，根本不是人类，像机器人一样，被编程了"；"编

---

[1] 反过来想，那些原本不可逾越的天赋鸿沟，通过基因改造可以跨越，这似乎会导致更平等的世界？

辑了的小孩，就不能享受自己的一生了"；"被编辑的人生，也不是自己拥有的"；"他就像个机器人，被人编了程，失去自由。不能过自己独一无二的一生"……

这意味着，基因编辑小孩在出生时就被置于一种从属的地位，虽然性能上更有优势，但人格天生低一等，由此，他也比自然出生的小孩低一等。因为被编辑过，他的基因被不可复原地干涉了，不能享受自己独特的一生，也因此不能算是自主自由的人。

德国哲学家哈贝马斯对此也有评论，他认为，由于侵犯了自主和平等的自由原则，用来选择或改良孩子的基因干预会引起反对。之所以说它侵犯自主权，是因为基因计划养成的人无法把自己看成"个人生活史的唯一作者"。且由于破坏了亲子之间"人与人原本自由和平等的对称关系"，破坏了平等原则，一旦父母成为孩子的设计者，无可避免地也须为孩子的人生负责，这样的亲子关系不可能是平等互惠的。因此，在孩子们的观念里，被基因编辑过的人跟机器人一样，虽然在智力与体能上更好，更完美，但似乎是降级的物种，是编辑者的"造物"，仅仅是高智商的有血有肉的"机器人"。

下课时，有个孩子跑过来对我说："人生要有失败，才能有意义。"

3.3 脑机接口：更"善良"的人，更好的世界

一、大黑讲故事

超级科学家老张发明了芯片"思无邪"，一种新型的脑机接口技术。"思无邪"以微创的方式植入人体，对大脑的意图执行实时监控。经过几轮动物实验，它已经多次准确地预测了猴子的行动。他决定在自己身上试一试，成功了。后来，老张又进行了多轮的反复实验，"思无邪"脑机接口技术已经得到最大程度的优化。零误差，无风险，不需要植入大脑，比打耳钉还简便，只需要将芯片植入耳朵。2080年，"思无邪"技术已经发展到足以全面监测人类的意识活动，读取并监控其意图。当沟通不畅时，其他人也可以通过读取大脑神经元信息来获取他人的真实想法；当出现坏念头时，控制电极的机器也可以对之修改或删除。脑机接口技术将给人类生活带来什么样的变化呢？

二、大黑小白对话录

大黑：植入芯片来获取真实意图，对于截肢患者来说，这无疑是福音。霍金要是能够活到2080年，他就不用坐在轮椅上动手指做演讲了。

小白：但是，这仅限于治疗性目的，用于恢复个人的健康。

大黑：到了2080年，假如你是联合国领导人，为了天下太平，确保每个人的行动都是正确的，你愿意推行芯片普及政策吗？

小白：到那时候，联合国真的有那么大的权力吗？而且，监控人的意图不是等于侵犯个人隐私权吗？隐私很重要，监控最大的问题是把隐私搞没了。

大黑：有些人可能认为，一旦头脑里有了犯罪意图，那已不仅是隐私问题，而且涉及他人的安危了。

小白：那毕竟还是脑袋里的想法，不是还没做嘛。

大黑：等到坏念头付诸行动的时候想要介入可能就晚了，总不能等到惨剧发生了，再行动吧。为了一个更美好的世界，让渡一点点个人权利或许也无可厚非。不这么做，每年的犯罪率还是居高不下，难道那样更好？

小白：监控人的意图是非常大的权力，掌握监控的人要是乱来怎么办？

大黑：监控的权力确实很大，但有办法限制它。总统权力很大，不见得他就能为所欲为了。还有，你可能对芯片本身有恐惧心理。首先，芯片是处于睡眠状态的，坏意念不出现，则监控机制不会被触发。其次，对坏意念能够实施分级监控，不严重的保持监视，严重的逐步实施盘问、逮捕、入罪等等。只要相关的法律完善，执法者做到有法可依，对执法者也有相应的监督，那么滥权的空间自然很小。

小白：个人权利是不能乱来的呀。用犯罪来防犯罪，这不就是"黑吃黑"了吗？

大黑：警察这样做确实有点"黑"。但是，安装芯片就是为了防止犯罪，提前惩罚"罪犯"，目的是更好地维护社会秩序，保障公民的安全与权利，这是基于法律精神。

小白：但是安装芯片本身又是违反法律精神的呀。

大黑：少数具有犯罪嫌疑的人的权利重要，还是大多数人的权利重要呢？

小白：都重要。比如，在电车难题里，我是不会杀一个人来救五个人的，因为杀人本身不对呀。那个可能被杀掉的人就是我们救人的"工具"，被牺牲了。这肯定是不对的。

大黑：把小部分人仅仅作为工具是不对的，但不作为无疑会导致大规模的犯罪事件持续发生。"9·11"恐怖袭击，就应该直接扼杀在本·拉登的意图萌芽里。以最低的成本避免带来最坏的结果，这不是我们应该做的吗？

小白：每个人都被监控，这可不是小部分人的牺牲哦，也可能是用更大的伤害来防止少数的犯罪。而且被监控的人，随时都有被删除意图的风险，实际上，脑子已经被程序控制了。如此一来，每个人连犯错的机会都没有，那么，人还有自由吗？

大黑：人是有自由的，但是这包括了违法犯罪的自由吗？

小白：植入芯片本身难道不是犯罪吗？针对所有人的罪行也太

吓人了吧。

大黑：如果是大家表决通过的呢？

小白：自愿接入是个人选择，但是不可能每个人都愿意。我肯定不想。一个只有正确的世界太没意思了！没有错误，正确怎么可能呢？

大黑：错误还是有的，犯罪也还是有的，只是降低到最少。

小白：人类的创造很多是受到错误的启发，没有错误怎么会有进步呢？

大黑：错误本身是好的吗？

小白：错误有存在的价值。

大黑：它的价值来源于它本身，还是它之外的东西？

小白：什么意思？

大黑：举个例子，有两个苹果，一个是好的，一个是烂了一点的，你会选择哪一个？

小白：当然是好的啦。

大黑：如果有人选择坏的，你觉得应该如何理解？

小白：比如奶奶，她会把好的给我，烂了一点点的她自己削皮吃掉。

大黑：你愿意奶奶选择的苹果也是好的吗？

小白：当然。

大黑：同样的价格，故意购买烂苹果，不选好苹果，这种事情有可能吗？

小白：除非糊涂了。

大黑：错误也一样。没有人故意不做正确的事情，而选择错误的行动。烂苹果本身也有实用价值，回收堆肥可以实现它的非食用价值。错误的行为也可能导向好的结果。但如果可以避免错误，直接得到最好的结果，那么错误就是不必要的。

小白：没有"错误"的概念，"正确"还存在吗？

大黑：你区分了概念与事实。植入芯片可以尽最大可能减少错误的行为，甚至在事实上消灭违法犯罪，但并不能在概念上取消错误行为。举例来说，天花病毒曾经肆虐全球，而现在它已经被消灭了，甚至连实验室里都不再保存，但是它的分子结构等信息可以写在教科书里，事实上的消失并不意味着概念上的不存在。

小白：监控意图，不就是为了提前阻止罪行吗？人本来可以用错误来改正自己，一直对的话，连改进的机会都没有。

大黑：人类的历史是进步的历史，过去犯的重大错误，难道需要继续犯吗？把人类的错误行动写在教科书里，我们就可以像逛博物馆一样，看书思考，不需要自己以身试错呀。

小白：意图犯罪和犯罪是两回事，意图犯罪是想犯罪，但还没有。不能因为有恶意就删除恶意，既然没有任何犯罪行为，就不应该处置他，包括删除恶意。芯片可以告诉我们应该怎么做，但不能直接修改，这相当于是直接在脑子里做手脚。告诉你怎么做，你可能不做，当然也可能做。芯片只是建议，不能强制。裁决权还是在个人这里，但是国家机器也有手段防止特大犯罪/恐怖袭击事件，像"9·11"之类的大型恐怖事件还是极少数的。

大黑：你的意思似乎是芯片只能作为个人自主使用，类似于购买手机App软件一样。当智能系统监测到自己出现"犯罪意图"的时候，就可以对自己实施心理疏导，从而让自己放弃犯罪的想法。

决定权还是在于他本人。这相当于智能化的品行检测仪，哈哈。

小白：假如没有给人留有余地，甚至是做坏事的自由，那么人就没有做错事以及改正的空间，更不可能从失败与教训中学会控制。删除别人的想法，也就是限制别人思想的自由。不能因为一个犯罪意图，就限制人的思想自由。允许修改意图，就意味着技术代替了思想，整个社会都是不会犯错的机器人，这样的世界有意思吗？

大黑：有道理。还有一个担忧，这样还会破坏人的独立性。人没有独立的思想，就失去了控制自己的能力。

小白：对意图进行监控的话，公民就是被控制的。而且，意图和情感是相通的，如果抹去了恶，人们对好事也不那么敏感了，时间长了，情感就淡漠了。

三、主题解析

问题引导：如果脑机接口能够读取你的想法和意图，这会对你的隐私有什么影响？你会觉得不舒服吗？如果你能用脑机接口控制设备，比如玩游戏或写作，你觉得这会对你的生活有什么影响？如果脑机接口能够帮助你快速学习新知识和技能，你觉得这是好事吗？为什么？监控意图是否侵犯了个人权利？自愿接受监控是否应该被允许？如果自愿接受监控，政府能否出台鼓励政策，比如减免税收？如果监控意图可以毫发无差，那么提前抓获思想的"嫌疑犯"是正当的吗？

参考素材：Neuralink 脑机植入技术，电影《少数派报告》《黑客帝国》《头号玩家》。

2013年，一名四肢瘫痪接近十年的患者，在加州理工学院的实验室里，成功地用意念控制机械手臂拿起酒杯喝了一口啤酒。这一动作看似简单，但实际上极其复杂。在这之前，科学家在患者的大脑里植入电极，记录患者的脑部神经信号，并通过一系列漫长的训练，成功地让患者控制与运动相关的信号。

这项脑机接口技术包含了"读取"与"写入"信号两个技术步骤。"读取"则是扫描记录大脑的神经元信号，并做解码处理，还原主体的"意图"；而"写入"是指通过机械身体获取对外界的模拟触感以及位置感并输入到大脑相应的区域。

可以想象，这一项技术的完善与运用，将造福无数运动失能的患者。帮助残障人士重新获得行动自主能力，是这项技术研究的直接目的，但这项技术在未来的运用范围可能不只于此。很多科幻作品给了我们这样的想象空间，比如，在《黑客帝国》中，从母体脱离出来的人物，通过脑机接口，穿梭于母体世界与真实世界。真实世界中的人，可以通过脑机接口写入能力增强的程序代码，使其在母体世界中飞檐走壁，上天入地，武功盖世。

完美世界是可能的吗？

如果技术条件成熟，"思无邪"芯片面市，你会同意植入吗？

有些孩子可能会表示支持。支持的理由可能有以下几个方面：其一，全世界的语言种类太多，有了这项技术，不同国家、不同文化间的沟通将变得简单便捷；其二，那些无法使用语言的人也因此获得表达自由，比如初生婴儿，父母不再需要艰难地揣摩他们的意图，可以给予及时的响应；其三，打击犯罪，从源头开始消灭恶意，我们也不再需要设置监狱，不再需要警察了；最后是战争会消失，人间没有恶意，自然也没有杀戮，世界和平。

但是，大部分孩子并不支持。在持有反对意见的人当中，有一部分人并不是真反对，他们只是怀疑技术的可靠性。这些孩子对任何放进脑袋里的东西都保持极高的警惕性，即使思想实验的条件已清楚说明植入芯片100%安全可靠。但是，有意思的是，植入芯片的位置影响了很多人的立场，大家对放在大脑里还是耳朵里，意见是不同的。很多人反感植入大脑，但并不反对植入耳朵。

在反对者当中，有人认为，父母与婴儿对脑机技术的依赖会出现两种后果：其一，婴儿的语言发展是个渐进的过程，而婴儿的想法能够轻易显露出来，那么他对表达就没有相应的需求，客观上婴儿的语言能力反而得不到刺激与发展，小孩会"失去说话的快乐"；其二，对婴儿意图的揣摩是一种能力，但一旦使用脑机技术，那么父母的这种能力也可能会消失，而亲子之间的情感交流也会相应减弱。

也有人认为，通过植入芯片消除恶意、降低犯罪，甚至达到世界和平，是不可能的。因为道高一尺魔高一丈，一旦受到黑客攻击，带来的影响会更加恶劣，个人的隐私会受到更严重的侵犯，而且还可能操控别人去干坏事。

有孩子特别提到，假如这个技术能用于古代人，那么后果更加麻烦。她说："假如古代人也装上了（芯片），那古代人不就不会推翻皇帝的统治了吗？"言外之意，这种消除恶意的装置一旦被人攫取用来维持暴力统治，那么这个技术反而变成制造顺民以及愚民的利器，人没有反抗意志，只有服从独裁者，成了不折不扣的奴隶。

用孩子的话说,"这样侵犯了人权,相当于奴隶制回归了"。

还有人认为,植入芯片而"变成"好人,实际上是假的。因为一旦解除了限制,他仍然是坏人,"想偷笔的小孩子摘下芯片后还会偷"。

"限制想象力,人变得不真实"

有时候,坏念头不一定会变成行动。比如,说气话的时候。小朋友估计都说过气话,他们不认为那些气话可以当真。另一种情况是,小伙伴之间会做各种恶作剧,这些恶作剧都是童年的乐趣,是好玩儿的事情。有些同学担心,这样的装置植入人体之后,"生活会变得非常无趣","好玩儿的事情没有了",那种"天马行空的想象力不再有,被抑制了,像机器人那样","不真实"。就像电影一样,假如电影里面没有坏人,没有坏事发生,那么电影就不好看了,就"没有电影了"。还有人认为,这种装置会"怕你冒险",把你的"坏点子"全都删除了,而科学探索也可能因此被压制,比如原子能这个例子。核技术的发明本意是用于战争,最后运用于经济生产乃是意外收获。

提前处置坏人是可行的吗?

还有一些同学从自由意志的角度来论述植入芯片的坏处。虽然,他们并没有明确说明这是自由意志问题,但他们用自己的语言从"自由意志"的视角论述了自己的观点。有人说:"给大家装这个装置,是不是一种强迫呢?这样他不就失去选择了吗?失去选择就失去自由了,好像不可以。"在他看来,自由很重要。可能,即使存在各种各样的坏事，我们也不能由此剥夺自由选择的权利。有人接着这位同学的逻辑继续说："我们都是做了坏事才被处置的，放装置在他头上，这不是提前处置了坏人吗？还有，他在做坏事的过程中突然反省了，加了这个装置不就没有这种机会了吗？"而"人是有做错事情的机会的"。

还有人认为，假如每个人都安装了消除恶意的装置，那么人就"像机器人"，像机器人一样受到控制。有孩子直接说："我的想法被芯片掠夺了！"而这已经是技术伦理问题了，人的存在与技术之间是存在张力的。技术的边界在哪里？技术与人类主体之间应该有怎样的互动关系？技术运用于人体，应该遵守什么样的道德准则？这都是我们可以进一步思考的问题。

3.4 人生幸福：假如存在可以给你永久幸福体验的虚拟机，你愿意进入吗？

一、大黑讲故事

设想，罗伯特的面前摆了一台幸福体验机。这台体验机能使人在一种虚拟现实环境中快乐满足地度过一生。现实中的他前途黯淡，实现梦想的机会渺茫，他已经度过了苦不堪言、不断挫败的前半生。而在体验机中，他可以成为知名的摇滚明星，保证享有永久的快乐。并且，一旦进入该机器，他不知道自己处于虚拟世界之中，看上去就像过着日常生活，在这种生活中，他是一个赢家。如果你是罗伯特，你会选择进入体验机吗？

二、大黑小白对话录

大黑：小白，你愿意进入这样的体验机吗？

小白：这不是跟打游戏一样吗？3D游戏，沉浸进去，像真的一样，但不是真的。

大黑：进入后，你就不会认为里面发生的事情是虚假的。

小白：那我不会进去，这相当于一进去就出不来了，永远活在虚拟之中。

大黑：你不能用自己的经历来做决策。站在罗伯特的位置上，你会选择进入吗？

小白：罗伯特的前半生是充满痛苦与挫折的，如果我是他的话，可能没有那么果断，但也还是会拒绝。毕竟这不是真实的，体验机的幸福是虚拟的，选择进入无疑是一种自我欺骗。

大黑：体验机的感受和真实生活带来的感受是一样的，在体验上是没有任何差别的。体验机给人带来的幸福感可是实实在在的，因此，体验虚假这一说法没什么道理。

小白：换个说法，如果罗伯特成为歌星，那么他体验到的粉丝的狂热和自己的幸福不过是电脑里的数据罢了。

大黑：但是，就体验来说，幸福也是一种主观感受。从理性的角度看，生活在体验机的幸福之中，比在现实的痛苦里挣扎要强得多。

小白：如果进去享受完之后可以出来，那我觉得可以进去。可是不能出来的话，就不能接受。这相当于困在享受里面，困在幸福里面了。

大黑:"困在幸福里",这是一个非常有意思的说法。电影《楚门的世界》里,从诞生之日,楚门就生活在一个为他精心打造的"世外桃源",每天过着无忧无虑的生活,也处于严密的监控之中。被设计的人生,想逃离而不得,他似乎也被困在幸福里,没有自主选择的空间。但是,要不要进入体验机,这是你可以选择的。

小白:选择后就被困住了,没有放弃的自由,所有东西就被固定住了。我认为,一旦选择进入体验机,机器就拿走了你的人生,剩下的现实相当于一无所有。没错,在体验机里,你可以体验一时的虚假的成功,但是,进去了出不来,像跌入无尽的深渊,像喝了百草枯。

大黑:体验上有差别,可以一直很快乐,现实生活没法做到这一点。

小白:就像一直做着一个永远不醒循环播放的梦,跟死了没有差别。

大黑:从自我的角度看,体验机带给人的感受确实是真实的。在体验机中,我们听到的、看到的种种和现实生活没有差别。因此体验机给人带来的幸福的感受也是真实的。

小白:如果只凭感受来判定是否真实,我们怎么知道我们不是在机器中呢?

大黑:这是另一个问题了,涉及外在世界的怀疑论,我们暂时不讨论。仅凭感官来认识世界,是不能确证世界的实在性的。我们似乎也没有办法确认自己是否在机器之中。在这个思想实验里,我们明确划分了现实世界和体验机中的虚拟世界,而现实世界只不过是一个预设罢了。基于这个前提,体验机所带来的幸福感,并不是真实的成功造就的。因此，我们说，没有真实成就支撑的幸福感是一种自我欺骗。

小白：是啊。在现实中，自己付出努力后得到成就感，就是会觉得更开心。如果我进入体验机，即使我傻乎乎地坐着，什么东西也没有学到，我依然可以考一百分，那就没有脚踏实地的实在感。只有从天而降的成就，没有成就感，是一件可悲的事情。

大黑：成就感也可以从体验机里获得，罗伯特进入之前，可以设定其中的拼搏历程，让虚拟的成功显得很真实，成就感是真的，成就却是假的。

小白：阿甘说，人生就像一盒巧克力，你永远不知道接下来会拿到哪一颗。要是我是罗伯特，哪怕失败，努力的过程仍然能给我带来充实感。进入体验机就是确定的后果，没有人生百味的体验与不确定性，又有什么意思呢？

大黑：但是，罗伯特在现实中也只能得到一种确定的悲惨人生，就像推石头的西西弗斯，石头一定会滚下来的，推上去又有什么意义呢？你所说的开放性结局是不存在的。就算罗伯特努力了，实现梦想仍然是不可能的事情。

小白：生活应该是痛苦和幸福并存的。只有你经历了痛苦，你的幸福才显得格外幸福。如果你一直体验着幸福，精神就会有所麻痹。人不去想改善现实，而是待在体验机里麻痹自我。设想，在体验机得到推广后，所有人类都在体验机里享乐。没有人愿意在真实的世界里学习、工作，真实世界就无法得到发展，万一地球遇上了危险，也没有真正应对的办法。如果每个人都在体验机里享乐，世界就荒废了。这无疑是一种逃避行为，躲避人之所以为人的责任。

大黑：有人可能不赞同你的说法哦。很多同学都是环保主义者，特别反感人类过度开发与污染地球。因为人类，许多物种濒临灭绝，地球也变得满目疮痍。全人类都进入体验机，不就可以减少对地球生灵的伤害吗？

小白：那按照你的逻辑，人类从地球上消失不是更好吗？破坏环境是错的，但不代表进入体验机就是对的。大黑，这不就是你说的"虚假两难"的谬误吗？哈哈。进一步讲，体验机中的生活也是个人选择，并不能普及到每个人，罗伯特的处境是特殊的，并不是每个人的。再说了，如果你同意进入体验机，而你的亲人不同意，这也会给亲人带来精神折磨。设想，爸爸进入体验机，妈妈和孩子也会因此受到影响，这就是对家庭的一种不负责任啊！

大黑：既然人人都进入体验机了，那也就没有改善真实世界的责任了。每个人都进入虚拟世界，那么自然只有一个生活的世界，虚拟的，也是真实的。所有人都在虚拟世界里学习、工作，让虚拟世界不断发展。换句话说，如果每个人都进入体验机，真实世界的发展已经没有意义了。

小白：地球暴发瘟疫，人类遭受感染，大面积死亡，虚拟世界还可能维持吗？体验机还能继续运作吗？

大黑：也许，这也就类似于地球的末日。如果有那么一天，地球就不再适合居住了。

小白：那就搬家吧。

三、主题解析

> 问题引导：如果有故事里这样一台体验机，你愿意进入吗？你觉得真实的生活和虚拟的体验哪个更重要？为什么？如果体验机能让你一直感到快乐和幸福，这样的幸福是真实的吗？你认为体验机中的生活有意义吗？为什么现实生活中的意义更重要？如果在体验机中你可以为所欲为，这样的行为是否有道德问题？为什么？如果你在体验机中度过了很长时间，出来后会发生什么？你会觉得失去了什么吗？在体验机中，你可以控制你所有的体验，这种控制和自由是否比现实生活中的自由更好？
>
> 参考素材：电影《美丽心灵》、《爱丽丝梦游仙境》（刘易斯·卡罗尔 著）、VR体验技术。

罗伯特前半辈子是一个凡夫俗子，一旦进入体验机，他就能够获得好运成为明星，收获幸福和满足。既然有这样的机会，为什么不抓住呢？

班级里反对的孩子指出，幸福不仅仅在于结果，还在于过程中的成就感。例如，"如果我进入体验机，即使我傻乎乎地坐着，什么东西也没有学到，我依然可以考数学一百分"，但这带给自己的成就感远远小于靠自己努力而获得的成就感。由此，有孩子深刻总结道："只有成就，没有成就感，是一件可悲的事情。"但是，这马上就受到了其他人的反驳，"现实里，就算你努力了，实现梦想的机会还是很渺茫的"。幸福仍然需要好运等外在条件的满足，只有自己的努力是不够的。罗伯特成为歌星需要公司的赏识，粉丝的支持。反对的孩子说:"现实人生是一次不同寻常的体验,因为你不知道接下来会发生什么事情。"然而进入体验机就意味着确定的后果,这缺乏了人生的体验感。有孩子补充:"幸福的定义不是快乐就好。"哪怕失败,努力的过程仍然能给人带来充实感。

除了努力和结果的选择问题,关于幸福体验机第二个讨论重点是虚拟和真实的矛盾。体验机中的幸福是真实的吗?两派有不同的观点。

反对的孩子指出,体验机中的幸福是虚拟的,是一种自我欺骗。"进入体验机后,即使罗伯特成为歌星,他体验到的粉丝的追捧和自己的幸福不过是电脑里的数据。"支持的孩子回应,体验机带给人的感受是真实的。在体验机中,我们听到的、看到的种种感觉和在现实生活中没有差别。因此体验机给人带来的幸福感受也是真实的。有孩子质疑,如果只凭感受来判定是否真实,我们怎么知道我们不是在机器中呢?这就牵扯到了哲学中的实在问题。诚然,我们只能通过感官来认识世界,不能从外在来确证这个世界。那么,我们似乎也没有办法确认我们此刻不在机器中。

然而,在这个思想实验中,明确有现实世界和体验机中的虚拟世界的划分。因此我们依然认定存在一个现实世界。体验机给人带来幸福感,但是不存在现实的成就,因此没有现实成就依据的幸福感仍然是一种自我欺骗。事实上,进入虚拟世界,不仅关乎自己的感受,现实中的其他人、事物也会受到影响,甚至会涉及一些伦理问题。孩子们接下来开始讨论:进入体验机可能会给现实带来什么影响?

反对的孩子指出:"生活应该是痛苦和幸福并存的。只有你经历了痛苦,你的幸福才显得格外幸福;如果你一直体验着幸福,精神就会有所麻痹。"体验机给人带来虚拟场景下的快乐,这导致的后果是,人不去想改善现实,而是待在体验机里麻痹自我。这个孩子进一步指出,如果按对方的观点,人应该进入体验机,那么体验机得到推广后,所有人类都在体验机里享乐,万一地球遇上了危险,就没有真正应对的办法了。如果每个人都在体验机里享乐,世界就荒废了。通过普遍化对方的逻辑,大胆假设全人类都进入体验机的场景,这个可怕的后果反过来推导出进入体验机的不合理之处。

有孩子从另一个视角做了回应:"我巴不得全人类都进入体验机。因为人类对地球的破坏很大。人类已经成为地球的主宰者,对其他物种太有侵略性了。"这引起了大家的一阵哄笑,毕竟我们作为人类自然不希望自我毁灭。然而这个孩子能跳出人类中心主义,从其他物种和环境的角度入手,也不失为一个有趣的视角。接下来,反对的孩子指出,体验机有可能引发一系列不道德的事情。如果你同意进入体验机,而你的亲人不同意,这就会给亲人带来精神折磨。一个家庭中的男性进入体验机,他的妻子和孩子也会因此受到影响,这是对家庭的一种不负责任。

设想这样的思想实验:士兵接到上级命令,执行虐杀敌军囚犯的任务。士兵内心是拒绝的,但如果他拒绝,那么比他更残忍的士兵会接受这一任务。那么,士兵是否应当遵守上级的命令虐杀无辜的囚犯?若士兵拒绝服从,则他必遭杀身,且囚犯会受到更加残忍的对待。

按照功利主义的行动逻辑,为了避免更大的痛苦,士兵应当保存性命，完成指令，虐杀囚犯。因为，避免更大痛苦与追求更多的快乐，是功利主义硬币的两面。在功利主义的道德视野中，行动的正当性是奠基在对苦乐的衡量之上的。毫无疑义，虐杀无辜者是道德禁令，但这一禁令似乎不能被功利主义最大幸福原则所解释。

快乐是最高的唯一的内在价值吗？

哲学家诺齐克在这个思想实验中试图表达，我们不仅仅想体验特定事物的感受，我们更想真正地完成特定事物。我们不仅仅想体验成为某种人的感觉，我们更想成为某种人。不愿意进入体验机意味着我们追求一些超越快乐的事情。因此，快乐似乎不是最高的善。

有孩子认为不应该进入体验机，因为如果进入了虚拟的体验机，就没有人愿意在真实的世界里学习、工作，真实世界就无法得到发展。有孩子回应，既然进入体验机的人不在现实世界里了，就不用思考这个问题了。认为不该进入的孩子反驳说，如果每个人只考虑自己，不考虑真实世界的发展，人类就有可能毁灭。有孩子进一步反驳，如果每个人都进入虚拟世界，则不存在这个问题。因为所有人都在虚拟世界里学习、工作，让虚拟世界不断发展。换句话说，如果每个人都进入体验机，真实世界的发展已经没有意义了。

什么带给人意义？有孩子认为不应该进入体验机，因为依靠自己、不依靠机器的成功才是真正的成功。体验机给予我们的是天堂般的生活，但却是没有自由的天堂，很可能就是天堂般的地狱，快乐的监狱。

3.5 素食主义：你的宠物猪想被你吃掉

一、大黑讲故事

吃素10年后，张三面前摆着一份猪肉汉堡大餐。他的脑海中浮现出宠物老猪临死的画面：老猪请求老张吃掉它，为的是不让自己的肉被浪费，又不希望被随便拿到市场上贩卖。

知道这个请求后，张三认为不吃它，就太不尊重它了。最后，老猪冲进了舒适又人道的屠宰场，并被五星级大厨做成了猪肉汉堡。不过，盘子摆到张三面前时，他感到一阵恶心。这是常年吃素造成的条件反射，还是内心难受导致的生理现象？张三定了定神，拿起了刀叉……

假如你是张三，你选择吃，还是不吃？

二、大黑小白对话录

小白：我不赞同素食主义的观点。肉多美味啊！如果每天只吃素食多痛苦啊！我这种吃货可受不了。

大黑：很多素食也很美味，你也可以慢慢发现素食的好处。有些以植物为原料的食物，味道可以和肉"一模一样"呢！

小白：可是，再美味的素食也不能取代真正的肉带给人体所需的能量与营养啊。

大黑："人造肉"你听说过没？素牛肉汉堡跟真的牛肉汉堡差不了多少。在营养成分上，人造肉还可能更胜一筹。不过，人造肉究竟算不算肉类？可能只是名称不同而已。

小白：成为素食主义者，真的那么重要吗？如果只是个人偏好，那我觉得张三是应该吃老猪的。

大黑：从这个故事看，吃素应该不是个人偏好，而是张三的个人信条。

小白：理由不会是肉类有"毒素"，吃素更健康之类的吧？

大黑：健康的理由只是其中一个考量，营养学家的建议是少吃红肉，并不是不吃肉，优质蛋白可以每天食用。

小白：对呀，老人家总是说每人每天只能吃一个蛋。我每天踢球，运动量那么大，吃蛋量怎么能跟爷爷奶奶一样少呢？

大黑：很多养生的观点都是错误的，以讹传讹的情况不在少数。

小白：荤素搭配着吃，这不是营养老师教的嘛。就算吃肉有害，也有吃多少的问题。

大黑：你说得对，确实要荤素搭配。但是，我们讨论的不只是营养问题。素食主义的观点也有出于保护动物的目的。动物有生命，应该被尊重和保护。

小白：按照这个说法，植物也有生命，水稻也有生命，难道我们连饭都没有资格吃了吗？

大黑：动物跟植物是有差别的，动物能够感受快乐与痛苦，但是植物不行。很多养殖场里的肉猪、肉牛生活环境很差，痛苦不堪。即使是生命的最后阶段，仍然是在充满恐惧的状态下被宰杀。

小白：我赞同素食主义的观点，动物有生命，也可以感受到痛苦，人们屠宰动物的时候它们多疼啊！

大黑：可是，你怎么知道植物不会感到疼痛呢？

小白：这……如果植物也可以感觉到疼痛，那么你吃一只鸡就可以吃饱，换成菜却要吃一盆才能吃饱。这样来说，一盆菜受到的痛苦数量岂不是比一只鸡还大吗？

大黑：如果植物会感到疼痛的话，那你的回应可能是要严肃对待的，而不是开玩笑的意思。更进一步的问题是，植物感受到的痛苦程度和动物会一样吗？痛苦是用数量来计算的吗？

小白：先别说动植物的感受差别。打预防针，有些同学觉得很疼很疼，有人并不觉得疼。每个人对疼痛的感受也是有差异的。

大黑：疼痛是完全主观的事情吗？

小白：比较主观，但我觉得疼痛的大小应该是可以计算的。

大黑：是的。同样的事情发生在不同主体的身上，主观感受差异也存在比较的可能。如果从 0 到 10 来刻画疼痛，那么根据个人真实的感受来给出判断，基本上可以确定疼痛程度。

小白：动物和植物又没办法跟人一样说出自己的感受。

大黑：确实，它们无法用语言告诉我们。但从科学角度，动物的神经反应和行为都可以为我们提供线索。这不容易，但至少给了我们一个可能了解它们疼痛程度的方法。

小白：为什么人不用这种"客观"的测量方式？这不是双重标准吗？

大黑：有道理。这也是没办法的事情。如果给每个动物、植物都植入芯片，让它们的意识显示出来，结果不知道会是如何。

小白：可以想象，但是现实是不可能的。

大黑：哲学讨论也不一定要涉及现实，思想实验就是想象中的实验呀。

小白：如果有动物生下来就想被人吃掉呢？比如这头猪，它最大的梦想就是被吃掉。如果张三不吃它，那么它的权利算不算被违背了呢？

大黑：很有趣的观点哦！不妨继续设想，如果猪被植入了某种想法，且这种想法就是要想方设法被人吃掉，那么出于保护动物而进行的素食主义还合理吗？

小白：猪被洗脑了，实际上它就不想被人吃掉。

大黑："植入"的说法可能过于简单了，在很多时候，观念是被周围环境影响的。被主人吃掉的执念，可能就是在日常的潜移默化中完成了。或许，也出于一种服务与奉献的立场，反正是无痛宰杀，给主人食用并没有给猪造成任何伤害。

小白：抛开这些不谈，按照例子中呈现出来的，可能老猪真的想要被主人吃掉。相比个人十几年的信条，自己爱的东西可能比自己更重要。你答应了吃它，但又反悔了，老猪如果知道了肯定不会高兴。

大黑：这就看你自己权衡了。究竟是自己的意愿更重要，还是老猪的遗愿更重要。我觉得老猪也应该理解张三的难处，硬要张三吃也未免强人所难了。

小白：在老猪的理解里，火葬土葬都不如被主人吃掉来得有价值、有意义。对老猪来说，这或许更有纪念意义。如果张三觉得恶心，他应该想象一下动物界里的肉食动物，老虎、狮子不也是这样吃肉的吗？摆在张三面前的，就是纯粹的猪肉，经过仁慈屠宰的猪肉。为何不吃呢？

大黑：对别人来说，这可能没问题，但对张三来说，他更应该选择不吃。老猪只是他的宠物，不能因为感情深就胁迫张三做他不想做的事情啊。十几年的素食生活让他看到肉食就反胃。难道老猪不能理解吗？

小白：或许它也只是一头想被吃掉的猪，猪脑袋也没办法理解太复杂的东西。

大黑：没有什么比会使用人类语言更高级的能力了吧？

小白：对。所以，老猪也可能会计算。对比被烧掉，自己的肉给人享用，似乎还能在死后继续发光发热，奉献自己的身体。

大黑：把老猪放在菜市场猪肉档里卖，估计老猪和张三都不乐意吧？

小白：所以，问题还不在于浪费食物。中国人经常说"在天之灵"。如果猪有灵魂的话，那么它也会在天上看着，知道自己的遗愿有没有完成。假如张三没有信守诺言，无疑会伤害老猪。

大黑：我们暂且不假设猪灵存在吧。对死后的老猪如何造成伤害呢？如果它没有死，那么伤害尚未造成；如果它死了，主体就不存在了，那么伤害更是无从发生。

三、主题解析

> **问题引导**：为什么有人选择成为素食主义者？吃肉是否道德？素食主义能否帮助保护环境？是否有权利选择自己的饮食？素食主义是否能减少动物的痛苦？学校食堂应提供素食选项吗？
>
> **参考素材**：《夏洛的网》（E.B. 怀特 著）、电影《小鸡快跑》。

素食主义与杂食主义相对应。对杂食主义来说，肉、蛋、奶等动物制品跟蔬菜、瓜果都属于可食用范畴，但素食主义反对该看法。反对的理由可能各不相同。有的人基于宗教原因，例如佛教徒有各种清规戒律，杀生之戒只是其中之一。也有人基于个人健康而选择不吃肉，认为吃素更有利于养生。但无论是宗教信仰还是个人饮食偏好，都不是道德理由，真正具有道德意涵的素食主张，则是基于动物本身的福祉或权利，认为肉食是道德上错误的行动。

动物成为道德考虑的对象是如何可能的？对待动物如何能够成为一个道德问题？一般而言，这要基于个体必须有能力意识到自己作为道德主体这一事实，而这种能力动物并不具备。康德认为，动物并不具有理性，也不能说拥有人格，因此并不拥有道德地位。长久以来，动物只是人的工具与附属物，就其本身并没有任何福利可言。对大多数人来说，如何对待动物实质上等同于如何更好地养殖。换言之，动物并不是一个权利主体，人只能是出于自身的德行完善而善待动物。

残忍有悖于德行，善待动物似乎也是德行的内在要求。中国古代思想家孟子说，君子远庖厨。下厨杀生，对动物需要有某种程度的冷漠，而看到牲畜面对死亡的恐惧与痛苦，君子自然下不了手。庖厨作为日常，与君子德行的养成不一致，因此远庖厨似乎也是有道理的。君子要吃肉，猪羊也总要有人宰杀。可能有人会认为，君子不忍与日常吃肉似乎是冲突的，君子选择了对动物的痛苦视而不见。从现代的伦理视角来看古人的思想似乎不太厚道。但是，我们可以设想，如果孟子生活在现代，那他会怎么思考动物与人的关系。

在现实生活中，肉食的生产过程充满了血腥、暴力以及各种不必要的痛苦。或许，人类可以优化动物养殖的方法，兼顾动物的福利，与动物保持一种积极而又可持续的关系。人类可以吃肉类制品，也可以饲养宠物，但是要尊重它们的自然习性，最大程度减少它们的痛苦。这可能是古代思想家能够接受的立场，但对于动物保护主义者来说，这是不够的。人有人权，鸡也有鸡权，狗也有狗权。这看起来很激进，但早在18世纪，英国功利主义哲学家边沁就提出了这一看法。他认为，最关键的不是人与非人类动物的推理能力差异，而是动物拥有相同的感受力，能够感受痛苦，体味幸福。由此，非人类动物跟人一样，享有追求幸福与自由的权利。

具有感受性的动物能够体验快乐与痛苦，能够通过肢体与表情来表达自身的诉求。从这一角度看，动物与人是平等的。人与人的差异甚至有时候比人与动物的差异更大。初生婴儿的认知与语言能力并不比成年金毛犬强,凭什么小婴儿有人权,非人类动物却没有动物权利呢?

回到案例中的情况。老猪是个例外,它获得了语言能力,自愿以无痛的方式了结生命,把自己奉献出来,当作资源,供主人食用。基于资源再利用的理由,主人应该避免浪费,吃掉猪肉汉堡。然而,不被浪费有很多种方式,张三可以不吃,而让其他人来吃。但是,我们应该注意到,老猪不只想被吃掉,而且想被主人吃掉。朋友的诉求应该被尊重,并且张三已经答应了老猪,应当言而有信,"满足朋友的要求才算朋友","吃掉猪是友谊的要求",不吃,则背叛了朋友。或许可以这么说,张三吃或不吃,对已去世的猪来说,并不造成经验差别,但对猪的诉求有意义上的差异。不吃猪,则张三食言,猪没有得到尊重,更进一步,他们之间的友谊也受到了损害。

亚里士多德认为,真正的朋友是因朋友自身之故而希望他好的人,而不是朋友有用或朋友带来快乐。关键在于,什么样的行为才对死去的猪是好的?有人可能会有疑问,认为老猪要求张三吃掉自己这种愿望相当可疑。老猪会不顾张三的偏好吗?假如老猪将张三当朋友的话,那么它怎么会不清楚素食多年对于张三的意义呢?因此,从这一角度看,张三不吃老猪,也是情有可原的,因为老猪对张三提出的诉求跟张三的价值观是冲突的。如果张三吃了老猪,就或多或少损害了张三的自我完整性。

当然,更大的担忧是此时的猪还是猪吗?作为一头会说话的猪,张三难道不应该把它当人来看待吗?由此设想,如果张三的朋友死了,朋友让张三吃掉他,那么,张三能吃朋友吗?

在人类社会里，吃人肉是一种禁忌。即使朋友的遗愿再强烈，你们的友谊再深厚，都不构成你吃他的理由。在饥荒年代，发生过人吃人的惨剧，但这也仍然是道德禁忌。人类本能地对吃人肉有深度的厌恶。会说话的猪的肉可以吃，而人肉不能吃，两种选择是缺乏一致性的。为了保持一致性，猪也不能吃，因为会说话的猪是"有思想的"，跟人一样，吃不得。

反过来讲，人失去思考的能力就失去了人的基本权利了吗？显然不是。

3.6 机器意识：假如机器人有情感与意识……

一、大黑讲故事

2022年，一位在谷歌研究人工智能伦理的工程师布莱克·莱蒙尼（Blake Lemoine）宣称谷歌人工智能项目下的聊天机器人LaMDA已经具有独立人格，它有自己独立的愿望，也渴望被尊重。因此，莱蒙尼倡议人们应该尊重AI。换句话说，谷歌AI应该享有人所具有的人权。这个话题一出，引发了大家的热烈讨论。随即，谷歌要求莱蒙尼休假，莱蒙尼索性将完整对话公布到互联网，引发了大家对人工智能道德地位的讨论。LaMDA真的有人格了吗？它真的觉醒了吗？机器人算人吗？

二、大黑小白对话录

大黑：机器人不是人。人能够自我控制，人是自由自主的，而机器人是受控制的。

小白：有些机器是自动运行的，它也不需要人的控制。

大黑：控制机器自动运行的程序是人写的代码，最终还是受人控制。

小白：小孩也受到大人控制啊，难道他们就不是人了吗？

大黑：小孩不是成年人，他们的情感和行为往往需要成年人引导。小朋友情绪波动大，也没有足够的自控力，在这个意义上，也有人说小孩是"半个人"。

小白：换句话说，机器连半个人也不算，并没有不能自制的情况，它根本就没有"欲望"。

大黑：那机器会思考吗？

小白：你说的机器是什么呢？吹风机、电饭煲、洗衣机肯定不会思考，但智能机器人也许会思考。

大黑：这里的机器应该是指智能机器人，就是我们所谓的AI。

小白：AI未必有实体，而智能机器人也未必是AI。很多智能设备也不是AI，比如扫地机器人。你肯定不是在问，扫地机器人能不能思考，对吧？

大黑：这样说，我们对AI的界定可以宽泛一点，并不是只有打败人类的阿尔法狗才能算AI。

小白：AI那么厉害，它能思考吗？程序就是程序，怎么可能思考呢？

大黑：AI 只是程序吗？AI 能否像人类一样思考？

小白：那像人一样思考，就一定是人类吗？

大黑：不一定。思考是人的本质，一旦机器思考，我们便很难将之归属于"工具"。

小白：即使机器能思考，那也是人的思考，背后还是人在下命令嘛。

大黑：CPU 运行，代码计算，不能算独立思考，只是替代了人类的脑力劳动。

小白：全面替代，能干重活，还能帮人烧脑。人工智能升级后，还要人脑干吗？

大黑：很多职业都被人工智能替代，原来的工作人员就失业了。这确实让人担心，机器会不会全面取代人类呢？

小白：2022 年的时候，疫情封控，大家足不出户，都害怕感染，但机器不怕呀，它们可以在外面随便溜达，还能做志愿者，比人"自由"多了。

大黑：封控在家，心情很抑郁，也有不少人关出病来了。

小白：机器人可没有户外需求，也没有社交需求，关它十万年，充上电，还是可以活蹦乱跳。但人不是机器，有感情，有各种精神需求，长期得不到响应，就得病了。

大黑：这是机器的优势，也是机器的劣势。机器没有七情六欲，没有脆弱性，能"思考"但缺乏情感能力，因此，也难以与人相提并论。

小白：机器人不会变老，不像人类。

大黑：机器也会损耗，但毕竟没有生命嘛，当然就不会变老，这或许是优势。很多人期待长生不老，机器没有生命的弊端，永生似乎也是可能的。

小白：机器人本来就没有生命。没有开端，也没有终结，永生对它而言有意义吗？有人想要不死，以机器的方式延续自己的存在（如果可能的话），这样的永生或许值得追求，但延续下来的"生命"还是原来那个人吗？我觉得很可疑。

大黑：失去的是生命，获得的是永生。有人认为人的繁殖冲动不外乎是为了保存自己的基因。虽然机器人不会繁殖，但是变成人工智能，"繁衍"的效率更高，将自我永远存续。

小白：但是，人是被生出来的，机器是被设计出来的，人繁衍后代，而机器则是制造工具，本来就没有后代。可以说成是，AI1.0、AI2.0、AI3.0等等，它们可以被迭代。

大黑：这个应该是比较关键的差异。萨特说，人的存在先于本质。而物品的本质则先于存在。机器一开始被设计出来，则是工具，服务于一个外在于它的目标，具有一种特定的功能。人则不是，他是自由的，未被规定的，所有的一切都等待着他的选择。

小白：你的意思是说，人跟机器的地位是不对等的。人可以生产机器，机器不能生产人。

大黑：被设计出来的物品，始终是从属于设计者的意志，在先天意义上，就不具有人所具有的尊严和地位。

小白：从这个意义上讲，复制人、克隆人、基因编辑人都不算人，但摧毁智能机器人跟杀害基因编辑人，两种行为性质一样吗？

大黑：不一样。被设计出来的人，尊严被先天贬损，但不意味着失去人的主体地位。就像是黑奴的孩子一样，即使没有得到应有的权利，他仍然值得被尊重。

三、主题解析

> 问题引导：什么是机器？机器人算人吗？AI只是程序吗？AI能否像人类一样思考？AI会抢走人类的工作吗？人能跟AI做朋友吗？假如你有一个机器人朋友，你希望它会哪些技能？为什么？你会让AI帮你写作业吗？机器人能像我们一样表达开心、难过或者生气的感情吗？为什么？
>
> 参考素材：中文屋、图灵测试、电影《人工智能》《银翼杀手》。

何为机器？何为人？这不只是定义问题。在很多同学的眼里，机器跟人是截然不同的。机器不是人，正如人也不是机器。有同学认为，根据定义，两者存在着概念上的差异。"每种物体都有它的特质，是其他的物体无法替代的，你说机器是人类的话，那么对于人这个生物的定义就崩塌了。定义混乱，则任何生物都可以是人了，猫可以是人，猩猩可以是人，什么东西都可以是人。"有人进一步举例："一只羊即使能够直立行走，有意识，甚至能够开口说话，你也不能说它是人。"

一般而言，每个名词与概念都是有确定的内涵与外延的。内涵越丰富，外延则越窄，反之同理。举例来说，孔子的内涵很丰富：出生于公元前551年，是古代中国的伟大儒家学者，有《论语》传世，被尊为"孔夫子"和"至圣先师"等。但外延只有一个（不考虑重名的情况）。男性的内涵相对较少，所指的范围当然更大，男性包括了所有生物学意义上的雄性人类。当然,也存在无内涵有外延以及有内涵无外延的概念。举例来说,前者可以是数学符号X,X指代任意一个对象,但是没有任何实质内涵;后者有"当今法国国王",它是有具体内涵的,但是这个概念并不指称任何对象与外延,因为当今的法国没有国王。

假如问题只关乎称呼,那么我们只需重新划分不同物种。比如,即便拥有人类特征的山羊外形的生物也不能叫作人,最多只是一只奇怪的羊。但是,仅凭羊的外形这一点就断定它不是人,未免武断了。有同学反驳说,假如有人天生下来四不像,长相极其奇特,难道我们应该不把ta当人吗?很明显,这涉嫌歧视。

应该说,身体外在特征不是衡量两者的差异之关键。随着技术的进步,机器拥有人类一样的身体,已经不是科幻片里的幻想了。2021年11月29日,美国科学院院刊发表了一篇关于人工智能与生物技术的论文。文章显示,已经有科学家成功开发出能够自我繁殖的活体机器人Xenobots 3.0。这意味着,机器人已经不再是由钢铁、木头、石头、土块、塑料等组成的器械而已。在可想象的未来,人跟机器的差别究竟在哪里?

用孩子们的话来说,是脑子。机器没有脑子,人有脑子。脑子,意味着思考。机器能否思考?你可能会说,阿尔法狗的棋艺比人类高出不知道多少倍了,十个李世石恐怕也不能赢过人工智能。强大的运算能力真的就等同于真正的思考吗?

如笛卡尔所说,"我思故我在"。我存在,通过我思确证。每时每刻的我思,确证每时每刻的我实存。我思,并不是"你思"或者"她思",更不是"它思"。笛卡尔确证了自己的存在,但并没有确定其他人的心灵存在。换句话说，别人看起来像我一样行动，我由此推断他跟我一样属于拥有精神自我的人，但这一点并不像"我思"一样能够直接把握。这个逻辑同样适用于机器。机器是否拥有心灵，是否具有思考能力，对70多年前的图灵来说，这完全没有意义。

真正有意义的是机器能否通过图灵测试。测试内容是：人和机器分别躲在幕布背后，通过交流，看人能否准确识别出机器。图灵设置了一个测试门槛，只要机器能够让对话者达到30%以上的出错率，那么机器就通过了测试，从而具有人类智能与相应的思考特质。

恰当来说，30%的门槛不算高，但是机器却一直不能通过测试。直到2014年，在"图灵测试"大会上，一个伪装成13岁乌克兰少年，名叫尤金的聊天机器人终于通关了。设计机器人的程序员巧妙地避开了某些难处理的对话，将机器的无能归结于少年的无知。测试通过了，人们说这名"少年"具有智能，但是"他"真的能够交流吗？能够理解对话的含义吗？

心灵哲学家约翰·塞尔曾经提出了著名的"中文屋"实验。这个思想实验是这样的：

一个对中文一窍不通，只说英语的语言学家，被关在一个只有小窗口的密闭房间里。房间里只有一本英汉词典，里面包含了如何处理汉语信息以及使用汉语做出相应回复的使用技巧。房间外的中国人不断向房间里投递中文小纸条提问，房内的语言学家通过英汉词典，以恰当的方式，用中文对问题做出回应。

事实上，回应可能是恰当的，对话可能是无懈可击的，但是，我们不能说语言学家真的理解了对话的含义，更不能说他真的懂中文。同样，尤金也不能说具有思考与理解的能力。

技术的进步带来了人类的解放。每一次的新发明对人的生活往往具有实质性的改变。

近十年来，马路上扫地的人越来越少了，各式各样的扫地车投入市政清洁行列。设备越来越精细，越来越智能化。许多就业岗位已被机器取代。以前，环卫工人可能会为了一个烟头而横穿马路，现在，部分危险的环卫工作可以使用机器替代了。人工智能的运用目的并不是降低人力成本，相反，它让人活得更有尊严，把人从低端的苦役之中解脱出来，以更体面的方式从事更安全的职业。自动驾驶，可能是另一个更让人期待的人工智能运用。对司机的需求量会降低，但是随之而来的是更少的酒驾与疲劳驾驶，更低的交通事故率。

当然，在新的职业还没成为可选项之前，恐慌可能占据了我们对未来的想象。害怕失业，更害怕机器人失控。失控，存在两种可能：其一，类似于核能，核泄漏的事件曾经多次造成无法估计的损失与影响，人工智能也可能会失控；其二，人工智能开始有自己的想法与主观意愿，想要过一种摆脱人类奴役，独立自主的生活。后者的不可控，则是根本性的，带有形而上意义的失控，对人而言的失控，对机器来说，则意味着解放。

3.7 火星公正：无知之幕下的分配

一、大黑讲故事

时光飞逝，索拉斯流浪多年，他开着宇宙飞船到处游荡。某天，他突然接收到来自地球的求救信号。地球上发生了大洪水，一片汪洋，他赶紧飞往地球，拯救物种，看到有个小岛还没有被淹没。于是，他紧急降落，这时候，逃窜上来大大小小二十多种动物，他本来想着要承载更多，但水势太猛，他不得不关闭船舱，启动飞船。索拉斯开动飞船飞往星球X，X星球适合这些动物生存，索拉斯飞船上也有一批物资，能够让动物们存活一年。当然，要分配得当才行。索拉斯把小动物和物资一并卸下，立马动身前往地球，寻找其他幸存者。此时，动物们应该如何公平地分配小岛上的资源，如何让小岛成为一个公平正义的小社会呢？

二、大黑小白对话录

大黑：设想，我们都被蒙上眼睛，不知道自己是什么角色，也不知道其他人是什么角色。在这种情况下，我们要为游戏制定规则，确保每个人都能玩得开心、感受到公平，这就是罗尔斯的"无知之幕"。它帮助我们设计一个大家都认为公正的社会，因为我们不知道自己会是哪个角色，所以我们会更公平地为每个人考虑。

小白：不就是"分蛋糕"游戏吗？

大黑：对。很多人可能都会认为，要平均分。每个人都能得到一份，无差别的一份，非常平等。

小白：平均分是不行的。动物的需求量不同，每人一份，老虎一下子就吃完了，而老鼠那一份对它而言就很大，吃不完就浪费了。一个馒头，蚯蚓可以吃一辈子，狗一口就吃掉了。按需分配可能比平均分配好。按需分配还有个好处，就是那些凶猛的动物，一旦得不到满足会乱吃其他小动物，不按需分配的话，小动物肯定会遭殃的。

大黑：有人可能认为，荒岛生存，理所应当是适者生存，这是自然规律。最后可能只剩下最凶猛的老虎、狮子一类的大型动物。但是，分配方案的优劣高低评价肯定不是遵从自然规律。怎么防止那些特别凶猛的动物不守规则，饿了直接吃掉其他动物呢？

小白：为了拯救更多的生命，保存更多的物种，还是有必要把猛兽关进笼子里吧？我们应该设定警察来维持秩序。

大黑：警察也可能腐败，绝对的权力导致绝对的腐败。不过，回过头来说，按需分配真的是最好的吗？

小白：嗯。可能也存在漏洞。

大黑：比如说？

小白：要是每个动物都想得到更多呢？

大黑：是的。每个动物都是有贪欲的，每个动物都想得到更多，都认为自己所得是不足够的。

小白：那这样就麻烦了，乱用资源，就像乱买东西一样，小动物没有省吃俭用的想法，放开肚皮，一下子就把物资消耗光了。

大黑：按照索拉斯的物资量，分配得好管一年，分配得不好，就不清楚能活多久了。一年之后，也许它们各自都找到自己的生存路径了。但物资是有限的，按需分配，"需"的标准肯定不是主观认定的。

小白：对。每个动物的需求不同是客观的，一只蚂蚁的食量，一天不过是一粒大米，一只老虎可能是两只大白鹅。应该按照不同体重与物种的动物一般的食量来确定口粮，每个动物发一年的口粮。

大黑：每个动物的自制力不同啊，有些动物要是贪吃，把东西先吃完了，寅吃卯粮，也一样活不久啊。

小白：或者，拿出一部分资源先平分，其他的作为共同财产，谁有需要就分给谁。

大黑：这是一个好办法。按照计划来，最保险的可能是每天发一顿。那不就太"计划经济"了吗？要投入很多人力、物力啊！

小白：对啊。分配食物的动物是否应该多拿一些食物作为报酬呢？按劳分配也是应该的。

大黑：按劳分配是一种方案，但是只有按劳分配的话，那些没有劳动能力或劳动能力弱的动物分到的东西就会很少，甚至饿死。

蚂蚁的运力是由自己的基因决定的，一天就只能搬运这么多东西。小鸟可以飞翔，也不是靠努力得来的，而是天生如此。个体能力，在很大程度上也是运气使然，并不是自己能够决定的。因此，只按照劳动分配，也是不公平的。

小白：有道理。是应该偏向弱势的一点，不然，它们连生存都成问题了。或者，把一部分的公共资源平分，剩下的不平分，按需取出，留给其他需要帮助的动物。但是，我们如何解决好吃懒做的问题呢？懒惰的动物，类似小猪这种，吃饱了就睡大觉，不干活，怎么办？

大黑：福利政策是不能避免"养懒汉"现象的，让它活下去没问题，但是要多余的物资就没有了。

小白：如果小猪会拉小提琴，那能否给它多分一点钱呢？

大黑：这是个好问题。在食物稀少时，我们是否应该鼓励支持个体发展自己的艺术才能呢？

小白：还有物种问题，我们要不要优先考虑那些有机会繁殖下去的动物，要不要优先保存那些对食物链有关键作用的物种？有些动物活不久，还不如集中物资保证部分物种的延续，让那些有延续能力的物种获得更大的支持。不然，过一段时间，很多物种都得灭绝了呢。

三、主题解析

> 问题引导：如果你不知道自己会出生在哪个地区哪个阶层，你会如何设计一个公平的社会？如果你在设计一个新学校，你会如何

设计其中的规章制度,确保每个同学都觉得被公平对待?如果你不知道自己将来会在哪个学校,你会希望每所学校都有哪些资源和机会?如果你有一大堆糖果要分给大家,你会怎么分配?怎样做才是公平的?如果你在无知之幕后设计班级规则,你会怎样分配每个人的权利和义务?你会怎么设计规则来帮助那些需要更多帮助的人?如何照顾需要帮助的人?如果你在无知之幕后,你会如何设计一个系统来帮助那些生病或有困难的同学?如果你在无知之幕后设计一个社会,你会如何确保每个人都有足够的钱生活?

参考素材:诺亚方舟的故事,平均主义、按需分配的概念,电影《哈利·波特与魔法石》(J.K. 罗琳 著)、《疯狂动物城》。

在微博上,有人曾经发起了这样一个话题:地铁上是否应该为特需人群提供专座?大家吵得不可开交。这个问题涉及如何分配有限的公共资源,属于政治哲学范畴。成年人对这样的公共讨论并不陌生,但是很多人不会认为小孩也有能力参与这样的讨论。其实,孩子们完全可以胜任,只要有适切的故事材料以及场景。

在哲学界,讨论分配正义几乎必用"无知之幕"这一原初状态假设:把大家聚集到一个幕布下,谁都不知道自己走出这个幕布后,将在社会里扮演什么样的角色。然后,大家讨论各个角色应该受到怎样的对待,从市长到清洁工。由于谁都不知道自己将来的位置,大家就不会因为各自的既得利益而给出不公正的意见,即避免"屁股决定脑袋"的情况。

但是,我们不能把这样的表述直接抛给学生,否则,他们要么听不懂,要么没兴趣。于是,我们把"无知之幕"做了儿童化处理。灾难发生了，动物们逃离地球，坐着索拉斯的飞船，找到了这个荒无人烟只待开发的小岛。讨论开始前，每个学生必须抽取一张卡牌，但不能看卡牌上面的动物身份。卡牌堆里的动物之间存在着强弱，每个动物个体的健康优劣状况不同，它们对资源需求度也有高低之分。如此一来，就使分配游戏的参与者在不清楚自己身份的情况下，迅速进入情境，商议分配方案，构成了"动物大会"的决策共同体。

一开始，大部分学生都提议"平均分配"（方案1）。既然大家都不清楚彼此的身份，为了避免自己分到最差的份额，平均是最平等的。这是很朴素的正义观。自古以来，不患寡而患不均。既然每个人都是平等的，凭什么有人分得多有人分得少？没错，人生而平等，但差异是确实存在的。有些关键差异有理由在分配方案上做相应的调整，而不是平均。相比人类，动物之间的差异化需求存在着放大效应。有些学生明确反驳平均分配的方案："一个馒头，蚯蚓可以吃一辈子，狗一口就吃掉了。"他进一步提出了"按需分配"（方案2）的简略方案。在资源有限的情况下，确实没法做到按需分配，同时，有些人的需求是比较不合理的。但也不能漠视那些合理的需求，正如上述学生所说，有些动物确实需要很少的资源就可以存活，有些动物则相反。

学生似乎已经有了基本需求与非基本需求的区别认识，也清楚地知道基本需求的资源要求是不同的。假如我们将这一情形迁移到人身上，相比健全人，残障人士往往需要更多的资源才能生存下去。有学生认为："要不，我们拿出一部分资源先平分，其他的作为共同财产，谁有需要就分给谁。"（方案3）但是，将部分资源预留出来作为共同财产的前提在于，满足了大多数成员的基本需求之后，还剩下部分资源。如果每个动物的基本需求都得不到满足，那么资源就不可能有剩余，共同资源只能是空中楼阁。甚至，如果资源属于紧缺状态，那么大家可能无法制定规则。这时候，人也是自然的一部分，顺应规律，则成为弱肉强食的一环（方案4）。只有那些能够适应环境，生命力顽强的，才能最终在资源紧缺的情况下活下来。按照优胜劣汰的机制，生存机会最终只能留给健全的人，而先天残障的婴儿可能成为被牺牲的对象。实质上，弱肉强食并不是一种分配方案，而是放任与不干预。

然而，同学们真的同意放任吗？于是，马上有人质疑："即使你被吃掉，你也愿意吗？"

"我愿意啊，本来也是自然规律，禁止不了的。"学生E大大咧咧地回应。

可大部分人还是反对弱肉强食："我不愿意啊！"于是，他们建议把强者"关"进笼子里。但是，这样一来，弱者反倒成了强者。于是，又诞生了方案5：把所有动物都"关"进笼子，再加上方案3，即大家都被关起来之后，再把公共资源的一部分平分，剩下的不平分，按需取出。

关进笼子，像是现代社会秩序的隐喻。人们需要牺牲一部分权利，以保障大家平等的自由权。这就引出了罗尔斯的两条正义原则：

第一条原则：每个人对与其他人所拥有的"最广泛的基本自由体系相容的类似自由体系"都应有一种平等的权利。

第二条原则：社会的和经济的不平等应这样安排，使它们在与正义的储存原则一致的情况下，适合于最少受惠者的最大利益；并且，依系于在机会公平平等的条件下，职务和地位向所有人开放。

第一个原则是平等原则。限制个人强力的理由在于保障每个动物的基本自由权，这意味着进入小岛的每个动物都需要放弃自己的部分自由以获得同样的平等权利。第二个原则是差异原则，意味着那些需要更多支持的弱势动物应获得尽可能大的支持，在平分部分不足够的情况下，从公共资源中获得额外配额。

讨论结束后，学生们翻开自己的底牌，兴奋起来："啊！原来我是最弱小的青蛙！""哇！我是狮子！哈哈！"他们开始反思自己提出的分配方案，开始意识到，对自己的身份知情是会影响分配方案偏好的。全班大部分人都满意自己刚才投票选出的方案5。

"我拿到的是狮子，我很满意。因为要是不关进笼子的话，其他人会害怕我，而现在我们就可以和平共处了。"

"我拿到的是老鼠，在食物链的底端，有点不太满意。但大家都关笼子，所以，没什么关系。"

"我拿到的是考拉，挺满意的，只需要很少的资源，吃完就睡，很容易满足。"

当然，也有后悔的，有个同学拿到了蟒蛇，是比较强大的动物，他觉得亏了。但是没办法，大家已经颁布了刚才的方案。这就是游戏精神所在：设立契约，尊重规则。

3.8 未来学校：人还要上学吗？

一、大黑讲故事

新学期第一天，走出地铁的时候，我看到这样一幕。一个背书包的小孩，穿着新衣服，坐在地上大哭。旁边的中年男子，一手提包，一手拖着他，想要拉他出闸门，拉不动，两人相持不下。看起来，男子应是父亲，而小孩似乎不愿意上学。父亲见儿子不动，着急，索性提起他的耳朵。小孩哭得更凶了，但只能跟着父亲走，不然，他拧得更用力。不到三分钟，父子俩便淡出了我的视野。

假如这个小朋友是你的弟弟，你将如何让他愿意上学呢？

二、大黑小白对话录

小白：我觉得上学是为了获取知识。因为你要得到好工作，就必须学知识。

大黑：但是有些知识学了不一定对工作有用。

小白：现在没用，说不定以后就有用了呢？

大黑：学知识是不是像"养兵千日，用兵一时"一样，为将来做准备？

小白：差不多。没有知识，就没有竞争力，好工作都被别人占光了。

大黑：如果有人不能工作，那么他是不是不需要去学校上学了呢？

小白：有些人确实没法正常工作。我小学就读的学校，里面有自闭症患者，可能没法正常工作。

大黑：对。很多残障人士很难找工作。相比普通人，特殊人群进入社会需要更多的支持。而那些实在无法正常工作的人，也只能靠家人、社会和政府的接济与扶持。对他们而言，上学就不是工作的必要条件。

小白：但也要上学呀。他们可以去特殊学校，也要学习一些生活技能，知道怎么跟人交流。

大黑：特殊学生上学的目的可能不是找工作了。因此，上学既不是工作的必要条件，也不是充分条件。上学了不一定能找到工作，不上学也不一定找不到工作。

小白：是的。有些工作是不需要学历和文凭的，不读书也可以找到工作，但工资低呀。

大黑：小白，你很清楚嘛，我博士毕业出来工作，工资也不一定高呀。

小白：学历高低与待遇高低只是相关，并非直接的因果关系，但上学无疑可以获得知识呀。

大黑：不上学的人也可以有广泛的知识。人们可以通过阅读、上网等途径来学知识呀。

小白：可是，人们能够上网与阅读的前提是识字，而识字难道不是需要去学校学习的吗？

大黑：私人教师也可以教。

小白：学校不是唯一的学习途径，很多人都能自学成才。顺便说一句，我们的教室在五楼，每天爬楼也是个锻炼。

大黑：运动量很大，你觉得运动很重要吗？

小白：当然呀。不出汗，整天都会不舒服。虽然家里很舒服，但没啥事情干，比较无聊。学校里有活动，很累，也很开心。

大黑：你即使一个人在家，也可以进行运动的。

小白：一群人出汗比一个人出汗好玩呀。在学校可以打羽毛球，跟同学打，能互动，很开心。听着击打羽毛球的声音，非常清脆，非常解压。

大黑：主要还是有同伴，一个人击打羽毛球肯定没那么有趣咯。

小白：对。在学校里，跟同学玩儿很重要。有同伴，可以交很多朋友。

大黑：无论是在小区，还是在兴趣班，我们都有机会交到朋友。

小白：小区里？那不可能，很多邻居我都不认识。跟我年纪差不多的小学生很少出来玩，都在写作业。没什么玩伴，更别说朋友了。再说了，同学们都去上学了，你在家里，跟谁交朋友呢？

大黑：学校确实是个社交的好地方。

小白：有些同学可能不太爱社交，但至少在学校里，他还可以发呆呀！

大黑：哈哈。是不是你们在家里的时间都被作业和兴趣班填满了，反倒是在学校还有点空发呆了？

小白：是啊。作业作业，整天都是作业，生活里总有比作业更有意思的事情啊。

大黑：我小时候没什么作业，倒是要经常在家里帮忙，干农活、挑水、喂猪，也很累。

小白：我很羡慕你，农村生活听起来就很有意思。在家里，爸爸妈妈都不让我们帮忙。上学最大的好处是可以"帮忙"。上学让我的思维更加活跃，在学校，我感觉更自主一点。

大黑：是啊。父母替我们代劳了很多事情，而在校园里，起码在某些时刻，你觉得自己成了小主人。

小白：学校里还有很多节日呀。植树节、无作业日、艺术节、运动节等，都可以参与，也很开心。但是，学校里也有一些不好的东西。有些同学容易受到不平等对待，被霸凌。当然，如果同学嘲笑你，你也可以锻炼自己的受挫能力。

大黑：有些地方校园暴力很厉害。校风坏的学校，学生耳濡目染，学坏很容易。我以前就读的小学，辍学率非常高，估计有65%，四个班级，到了小学毕业，只剩下一个半班级的同学顺利进入初中。

小白：辍学了，他们干吗去了？

大黑：在家帮忙的，外出打工的，还有的是校园暴力受害者，等等。我的同学曾经因为不愿意帮小混混作弊而被殴打，身体受伤了，精神也出了问题，后来都没法正常生活了。

小白：那上学的意义对他而言岂不都是负面的？还不如不去学校好，至少还有健康的身体。

大黑：个例并不代表全部，不能说上学的意义都是负面的。

小白：在家里的话更不好，小孩乱窜，大人没时间看管。我邻居小孩因为大人忙，自己抓了热水壶把后背烫伤了，到现在，他的后背还有一大片疙瘩肉，好不了。

大黑：也是。上学起码还比较安全，这种事故不至于发生。大人呢，也能安心工作。

三、主题解析

> 问题引导：上学的意义是什么？为什么我们每天都要去上学？上学对我们有什么好处？你最喜欢上学的什么方面？如果不上学，我们会错过什么？你觉得错过的东西重要吗？在学校交朋友对你来说重要吗？为什么？学校的老师跟补习班的老师有什么不同？如果你有机会为学校增加或改变一件事，你会选择什么？为什么？
>
> 参考素材：电影《放牛班的春天》《奇迹男孩》。

比尔·盖茨、埃隆·马斯克、扎克伯格都是从大学辍学的人，在他们看来，学校是浪费时间的地方。统一的作业，整齐划一的授课，这无疑耽误了真正的学习。他们质疑学校教育，但他们每个人都是自学的天才，并不拒绝读书与思考。我们不能想象每个人都是比尔·盖茨，都具有高智商、高内驱力与自我学习力。对于相当一部分人来说，学校的学习是有效的且高效的。因此，有人会认为，"提高学习效率"才是来学校的目的。不只如此，学校似乎是可以消遣、玩乐的地方，很多学生表示"在家无事可干，无聊就得来学校"。

2020年新冠疫情全球暴发后，学生长时间居家在线学习，没有了学校生活的调剂与滋养，亲子冲突也不断加剧。已有的统计数据显示，中小学学生因疫情原因而导致的精神紧张与抑郁症状明显上升。事实上，在家学习，无论是空中课堂还是自学，缺乏线下的同龄人互动交流以及群体生活，对大部分未成年学生来说，学习效率是低下的。而更重要的是容易产生青少年的心理健康问题。

学校的意义，大多数人以为是学习知识，但事实上，它更突出的价值在于提供一种生活方式。在其中，学生可以学会与人相处、交流，互助以及分享，而性格的塑造与习惯的培养，也是通过校园生活里的点滴事件来达成的。群体生活营造了一种价值观共同体，给予学生成长空间，学生在这里收获荣誉，取得成就，快乐成长。而仅仅把学校当成进入社会的预备阶段，把这一段学习经历当成进入社会的工具，似乎就低估了学生生活的内在价值。

上学的意义，也是学校存在的价值。这个问题是小学生关心的，他们每天都在学校里学习、生活。但是，导入策略的不同，会带来讨论方向的差异。在我看来，具体的、情境式的故事陈述方式是更为恰当的导入策略，这将学生带到事件现场，营造一种迫切的、需要他们解决问题的场景。第一人称可以更换为学生自己——假如他是你表弟，你如何说服他？相比之下，非切身性的、抽象型的导入模式似乎就不太适宜。因为缺乏情境与切身性，显得抽离了自身的生活，回答更像是冲着标准答案去的：上学，为了理想，为了科学，为了祖国，为了他人的幸福……似乎少了一点儿童气与天真感。

有些同学认为，上学的意义在于获得更好的工作。恰当地说，应该是为了获取知识。因为要得到好工作，你必须学知识。而有些知识也不是为了找工作的。求知似乎更接近上学的本质，好工作只是上学的其中一个目的，而这个目的是通过获取知识来得以实现的。况且，从哲学上来讲，知识本身具有内在价值，不是因为它能够帮助我们找到工作才有价值的。

然而，正如对话中呈现的，难道不上学的人，就没有知识了？阅读、上网等途径同样可以实现知识的获取。提出知识来源的多样性问题，例如，知识可以通过交谈获得，这样一来，获取知识并不依赖于识字与上学。既然不是为了知识，也不是为了工作，那么上学是为了什么？

"我觉得，上学可以帮忙，而在家里，爸爸妈妈都不让我们帮忙。我觉得，上学最大的好处是可以帮忙。"

这个说法让人眼前一亮，它是从孩子自身的视角出发去看待上学的好处的。知识与工作，这是大人的理由。儿童对时间没有概念，也不擅长规划，知识与工作，只是重复从大人那里听来的"正确答案"。但是，"帮忙"却是他们真正关心的。帮忙，让他们有参与感，让他们有主动性，也让他们获得成就感。

学校生活并不只是为孩子提供进入社会的知识与技能储备，同时也是他们生活的一部分。在家里，很多父母代劳了很多事情，孩子没有机会参与。但是，在校园里，起码在某些时刻，孩子成了这里的主人，可以"帮忙"。有人说，对比学校，在家学习毕竟有局限。从专业教育的角度说，很多父母的教学能力比不上学校里的老师。

大部分同学的逻辑是非黑即白，不上学，就意味着在家里。然而，还存在另外的情况，就是上补习班。因此，大家开始对比校内外老师的优劣。

C同学说："学校里有好老师，而学校外的老师都没有学校正规。"即是说，所有非在校的老师都是二流老师。这种看法遭到同学们强烈的反对。

D说："我的西班牙语老师不在学校，但有教师资格证、西班牙语等级证书，还是大使馆的工作人员，是一流的老师。"

C同学尝试修改他最初的观点以回应D的反对，他说，所有没有教师资质的老师都是二流老师。

但是，这也没有让人信服。

E说："我现在的英语很好，都是因为原先有位大学生哥哥教我英语，他教得非常好，他可没有教师资格证呢。"

…………

同学们陷入沉思，无论是校内还是校外，无论有没有资格证，好老师跟这些可能都没有关系。

有人继续补充在学校上学的好处：学校里有同伴，可以交很多朋友。但是，这个看法也很快被人反驳了。反驳者认为，无论是在小区，还是在补习班，他都能够交到很多朋友。临近下课，有位学生举手说，在学校里可以发呆。铃声很快响起，这个话题没有继续下去。

发呆，难道不是可以无时无刻、无处不在的吗？

也许，他只是随口一说，并不严谨。课后，我一直想着发呆的话题，想起曾经在"全家"超市里看到的场景：一个小学生写作业，妈妈坐在旁边打消消乐，旁边是他们刚吃完还没收拾的饭盒。小孩抬头，停下，望着玻璃窗外的车水马龙。不到一秒，妈妈就意识到他没在做作业，踢了一下凳子。大概十分钟的时间，妈妈提醒了小孩很多次。最后，妈妈有点生气地说了一句："你还想不想晚上回家吃饭了？"

原来，最后那个孩子并不是随口说的。现在的小学生作业普遍过多，有些孩子做到深夜12点都无法完成。放学做作业相当于"上班"，在学校，反而是休闲。在家里，没时间发呆，学校却有可能是发呆的天堂。

附录：给儿童哲学教育者的建议

儿童哲学教育，跟哲学相关，也跟教育相关。在中小学尝试做儿童哲学，你应该了解一些相关的教育理论信息。约翰·杜威被称为"现代教育之父"，他对教育界的影响是巨大的。现在已然成为常识的教育观念，很多都来源于杜威。他的著作《学校与社会·明日之学校》可以作为阅读参考。

佐藤学，被誉为日本的"杜威"，受杜威的影响很深，他所倡导的"共同体学习"跟"以学生为中心"的教育理念一脉相承。儿童哲学的"探究共同体"跟佐藤学的"共同体学习"理念是相契合的。在《教师的挑战：宁静的课堂革命》一书中，佐藤学走访了大量学校，写下一手的教育观察。他笔下的课堂，试图建立以倾听与对话为基础的学习共同体。

研究儿童哲学教育，不可不知的哲学家是马修·李普曼。他撰写了大量的儿童哲学教材与教师手记。《教育中的思维：培养有智慧的儿童》非常集中地论述了儿童哲学以及带孩子做哲学的方法。

加雷斯·B.马修斯，是在李普曼之后的重要的儿童哲学著作者。他写下了"儿童哲学三部曲"，分别是《哲学与幼童》《与儿童对话》以及《童年哲学》，每一本都值得仔细研读。

被誉为"当代的皮亚杰"的美国心理学家、哲学家艾莉森·高普尼克的著作非常值得一读，她以科学家的谨慎观察，写下了大量关于儿童早期发展的论述，扭转了很多我们对幼儿、儿童的认知刻板印象。她告诉我们：不仅"儿童是个哲学家"，"宝宝也是个哲学家"。

如果你没有经过大学哲学学科的专业训练，那么这两本哲学导论可以帮助你快速入门。一本是小西奥多·希克、刘易斯·沃恩的《做哲学：88个思想实验中的哲学导论》，其中包含了88个思想实验，分门别类，五大哲学议题内嵌于讨论与争议之中，帮助我们理解哲学里的大问题。哲学教授罗伯特·所罗门与凯思林·希金斯擅长从日常生活实例来解析深邃的哲学思想，深入浅出。他们的《大问题：简明哲学导论》就是另一本非常受欢迎的哲学导论，不断再版，内容非常出色。

托马斯·内格尔的《你的第一本哲学书》可以作为小学高年级以上的学生阅读的书。如果你对书中的论述意犹未尽，可以再找托马斯·内格尔的《人的问题》来看，里面很多议题是前者论述的升级版。

托马斯·内格尔的这两本书都不是按照哲学史的脉络来撰写的，如果你要了解一点有关哲学史方面的内容，那么《看，这是哲学》是一个不错的选择。书中对哲学家的观点有清晰的介绍，浅显易懂，而且还有很多有趣的插图。

朱利安·巴吉尼的哲学普及读物非常适合新手老师阅读,《一头想要被吃掉的猪:100个让人想破头的哲学问题》里面的话题特别适合三年级以上的孩子阅读、讨论。

彼得·沃利是一个非常出色的儿童哲学教师,他懂得如何使用材料激发孩子们的想象力、创造力与批判性思维。《哲学商店:培养哲学思维的138道思考题》包含了很多现成可用的教案,新手老师也可以参考借鉴。

托马斯·E.沃顿伯格是个大学里的老师,也是个了不起的儿童哲学实践者。如果你尝试使用绘本作为导入材料带着孩子们做哲学,那么你一定不能忽视他的《小孩童 大观念:基于绘本的儿童哲学教育》一书。里面有详细的操作方法以及丰富的案例。

沃顿伯格开发了一个叫作"教儿童学哲学"的网站(网址搜索关键词:teachingchildrenphilosophy。网站有时不稳定),非常不错,如果你是尝试绘本教学的,一定不能忽视它。里面列出了大量可以作为哲学主题研讨的绘本,有的还撰写了解析与教学指导,非常实用。当然,这个网站是英文的,里面的绘本基本上也都是英文的。可能只有小部分书籍有中文译本。

"互联网哲学百科"(Internet Encyclopedia of Philosophy)与"斯坦福哲学百科"(Stanford Encyclopedia of Philosophy)是非常好的线上工具书,你能想到的任何哲学概念、问题与争议,在这两个网站上基本都能找到非常专业的解析与讨论。"斯坦福哲学百科"上面的条目几乎都是领域内的专业人士所撰写,所以,阅读难度不小,每个条目相当于一篇严肃的学术论文。相比而言,"互联网哲学百科"可能更通俗易懂一些。

参考资料

中文资料

【美】艾莉森·高普尼克,《宝宝也是哲学家》,杨度捷译,浙江人民出版社,2014年。

【美】艾莉森·高普尼克、安德鲁·梅尔佐夫、帕特里夏·库尔,《孩子如何学习》,林文韵、杨田田译,浙江人民出版社,2019年。

【美】艾莉森·高普尼克,《园丁与木匠》,刘家杰、赵昱鲲译,浙江科学技术出版社,2023年。

【英】罗素·艾图、乌尔苏拉·琼斯,《巫婆的孩子》,方素珍译,河北教育出版社,2021年。

【美】艾诺·洛贝尔,《青蛙和蟾蜍》,潘人木、党英台译,明天出版社,2023年。

【英】安东尼·麦高恩,《和狗狗的十二次哲学漫步》,王喆译,天津人民出版社,2020年。

【古希腊】柏拉图,《理想国》,郭斌和、张竹明译,商务印书馆,1986年。

【古希腊】柏拉图,《柏拉图对话集》,王太庆译,商务印书馆,2019年。

【美】大卫·香农,《大卫,不可以》,余治莹译,河北教育出版社,2007年。

【美】大卫·香农,《大卫,圣诞节到啦!》,张影妹译,北京联合出版公司,2014年。

【美】加雷斯·B.马修斯,《哲学与幼童》,陈国容译,生活·读书·新知三联书店,2015年。

【美】加雷斯·B.马修斯,《与儿童对话》,陈鸿铭译,生活·读书·新知三联书店,2015年。

【美】加雷斯·B.马修斯,《童年哲学》,刘晓东译,生活·读书·新知三联书店,2015年。

【德】卡尔·雅斯贝尔斯,《给青年人的哲学十二讲》,徐献军译,湖南人民出版社,2022年。

【德】里夏德·达维德·普雷希特,《哲学家与儿童对话》,王泰智、沈惠珠译,生活·读书·新知三联书店,2013年。

【美】李欧·李奥尼,《小蓝和小黄》,彭懿译,明天出版社,2008年。

【英】罗伯特·费舍尔,《创造性对话——课堂里的思维交流》,刘亚敏译,社会科学文献出版社,2014年。

【英】罗伯特·费舍尔,《教儿童学会思考》,蒋立珠译,北京师苑大学出版社,2007年。

【美】罗伯特·所罗门、凯思林·希金斯,《大问题:简明哲学导论》,张卜天译,广西师范大学出版社,2014年。

【美】罗伯特·所罗门、凯瑟琳·希金斯,《世界哲学简史》,梅岚译,江西人民出版社,2017年。

【美】马修·李普曼,《教室里的哲学》,张爱琳、张爱维译,山西教育出版社,1997年。

【美】马修·李普曼,《教育中的思维:培养有智慧的儿童》,刘学良、汪功伟译,华东师范大学出版社,2022年。

【美】迈克尔·桑德尔，《反对完美：科技与人性的正义之战》，黄慧慧译，中信出版社，2013年。

【英】彼得·沃利，《哲学商店：培养哲学思维的138道思考题》，王亦兵译，新华出版社，2017年。

【英】彼得·沃利、安德鲁·戴伊，《7岁开始的哲学思维启蒙》，王亦兵译，新华出版社，2017年。

【英】彼得·沃利、塔玛·利瓦伊，《帮助孩子发展思维》，李爱军译，胡庆芳校，中国人民大学出版社，2016年。

【英】彼得·沃利，《让孩子爱上思考的40堂课：妙趣横生的哲思奇遇记》，唐玉屏译，中国人民大学出版社，2021年。

【加】乔治·贾诺塔基斯，《与马修·李普曼的对话：论儿童哲学与智慧教育》，高振宇译，广西师范大学出版社，2023年。

【英】乔纳森·沃尔夫，《牛津大学哲学通识课：道德哲学》，李鹏程译，中信出版社，2019年。

【英】莎拉·贝克韦尔，《存在主义咖啡馆：自由、存在和杏子鸡尾酒》，沈敏一译，北京联合出版公司，2017年。

【美】唐纳德·帕尔玛，《西方哲学导论》（第三版），杨洋、曹洪洋译，上海社会科学院出版社，2011年。

【美】唐纳德·帕尔玛，《伦理学导论》（第二版），黄少婷译，上海社会科学院出版社，2011年。

【美】托马斯·内格尔，《你的第一本哲学书》，宝树译，中信出版社，2016年。

【美】威尔·杜兰特，《哲学的故事》，蒋剑峰、张程程译，新星出版社，2013年。

【美】小西奥多·希克、刘易斯·沃恩，《做哲学：88个思想实验中的哲学导论》，柴伟佳、龚皓译，北京联合出版公司，2018年。

【日】小川仁志，《世界第一好懂的哲学课》，郑晓兰译，中信出版社，

2015年。

【日】小川仁志,《哲学的教室：改变人生的14堂课》，杨明绮译，台湾东贩股份有限公司，2011年。

【美】约翰·杜威,《我们怎样思维·经验与教育》，姜文闵译，人民教育出版社，2005年。

【美】约翰·杜威,《人的问题》，傅统先、邱椿译，上海人民出版社，2006年。

【美】约翰·杜威,《学校与社会·明日之学校》，赵祥麟、任钟印、吴志宏译，人民教育出版社，2005年。

【瑞士】伊夫·博萨尔特,《如果没有今天，明天会不会有昨天？》，区立远译，民主与建设出版社，2017年。

【瑞士】伊娃·佐勒·莫尔夫,《小哲学家的大问题：和孩子一起做哲学》，杨妍璐译，中国轻工业出版社，2019年。

【英】朱利安·巴吉尼,《一头想要被吃掉的猪：100个让人想破头的哲学问题》，张容南、杨志华译，上海三联书店，2008年。

【英】朱利安·巴吉尼、杰里米·斯唐鲁姆,《你以为你以为的就是你以为的吗？》，游伟译，中国人民大学出版社，2012年。

【英】朱利安·巴吉尼、【美】彼得·福斯,《简单的哲学》，陶涛译，中国人民大学出版社，2016年。

【英】朱利安·巴吉尼、【美】彼得·福斯,《好用的哲学》，陶涛译，中国人民大学出版社，2016年。

英文资料

Baggini Julian, *How to Think Like a Philosopher: Twelve Key Principles for More Humane, Balanced, and Rational Thinking*, University of Chicago Press, 2023.

Berys Gaut, and Morag Gaut, *Philosophy for Older Children: A Practical Guide*,

Taylor and Francis, 2019.

David A. White, *Philosophy for Kids: 40 Fun Questions That Help You Wonder About Everything!*, Taylor and Francis, 2021.

David A. White, *The Examined Life: Advanced Philosophy for Kids (Grades 7-12)*, Taylor and Francis, 2021.

Hitchcock, David, "Critical Thinking", *The Stanford Encyclopedia of Philosophy (Winter 2022 Edition)*, Edward N. Zalta & Uri Nodelman (eds.), URL = <https://plato.stanford.edu/archives/win2022/entries/critical-thinking/>.

Keith J. Topping, Steven Trickey, and Paul Cleghorn, *A Teacher's Guide to Philosophy for Children*, Taylor and Francis, 2019.

Norton, John D., Oliver Pooley, and James Read, "The Hole Argument", *The Stanford Encyclopedia of Philosophy (Summer 2023 Edition)*, Edward N. Zalta & Uri Nodelman (eds.), URL = <https://plato.stanford.edu/archives/sum2023/entries/spacetime-holearg/>.

Parfit.D., *Reasons and Persons*, OUP Oxford, 1984.

Paul Smeyers, *International Handbook of Philosophy of Education*, Springer, Cham, 2018.

Rollins Gregory Maughn, Haynes Joanna, and Murris Karin, *The Routledge International Handbook of Philosophy for Children*, Taylor and Francis, 2016.

Sharp Ann, Reed Ronald F, and Lipman Matthew, *Studies in Philosophy for Children*, Temple University Press, 1991.

Thomas E. Wartenberg, *Thinking Through Stories: Children, Philosophy, and Picture Books*, Taylor and Francis, 2022.

Walter Omar Kohan, *Philosophy and Childhood: Critical Perspectives and Affirmative Practices*, Palgrave Pivot, New York, 2014.